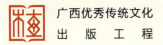

广西优秀传统文化
出版工程

"考古广西"丛书

连城要塞的硝烟

陈显灵　由　丹　著

扫码获取更多资源

广西科学技术出版社
·南宁·

图书在版编目（CIP）数据

连城要塞的硝烟 / 陈显灵，由丹著 . -- 南宁：广
西科学技术出版社，2024.12.--（"考古广西"丛书）.
ISBN 978-7-5551-2345-3

Ⅰ . K928.77

中国国家版本馆 CIP 数据核字第 2024RB0853 号

连城要塞的硝烟

陈显灵　由　丹　著

出版人：岑　刚	装帧设计：刘瑞锋　阳玳玮
项目统筹：罗煜涛	排版制作：熊文易
项目协调：何杏华	责任校对：苏深灿
责任编辑：丘　平　谢艺文　韦娇林	责任印制：陆　弟

出版发行：广西科学技术出版社

社　　址：广西南宁市东葛路 66 号

邮政编码：530023

网　　址：http://www.gxkjs.com

印　　制：广西民族印刷包装集团有限公司

开　　本：889mm×1240mm　1/32

印　　张：4.875

字　　数：110 千字

版　　次：2024 年 12 月第 1 版

印　　次：2024 年 12 月第 1 次印刷

书　　号：ISBN 978-7-5551-2345-3

定　　价：32.00 元

总序

　　在中国辽阔的南方边陲，广西这片被自然与人文双重雕琢的神奇土地，自古以来便是中华民族多元文化的交流、交往和交融之地。它不仅是中华民族多元文化璀璨共融的见证者，更是文化的建设者和传承者。这里，山川秀美，草木葳蕤，河流纵横，众多民族在这里和谐共融、安居乐业，留下的丰厚历史文化遗产，成为中华文明不可或缺的一抹亮丽底色。

　　在古老而又充满活力的八桂大地上，有无数珍贵的文化遗产。它们或隐藏于幽深的洞穴，或散布于辽阔的田野，或依偎在蜿蜒而过的河边，或深藏于繁华的闹市……这些宝贵的文化遗产，是社会发展轨迹和文明进程的缩影。它们不仅见证了广西悠久而辉煌的历史，而且还蕴含着古人的智慧和精神，是我们根系过去、枝连现在、启迪未来的重要财富，更是我们文化自信的重要来源。

　　站在新的历史起点上，文化自信被赋予新的时代内涵和历史使命。党的二十大报告指出，要坚守中华文化立场，提炼展示中华文明的精神标识和文化精髓，加快构建中国话语和中国叙事体系，讲好中国故事、传播好中国声音，展现可信、可爱、可敬的中国形象。党的十八大以来，习近平总书记三次深入广西考察调研并发表重要讲话，充分体现了以习近平同志为核心的党中央对广西工作的高度重视和对八桂各族人民的深切关怀。2017年4月19日，习近平总书记在广西考察的第一站，就是合浦县汉代文化博物馆。习近平总书记在考察中指出，中华民族历史悠久，中华文明源远流长，中华文化博大精深，一个博物馆就是一所大学校。要加强文物保护和利用，加强历史研究和传承，使中华优秀传统文化不断发扬光大。广西优秀传统文化是中华文明宝库中的璀璨明珠，深受中华文化的滋养，同时又展现出鲜明的地方特色。广西优越的地理位置赋予了其独特的地位和重要的历史定位。自秦代以来，灵渠、海上丝绸之路的开通，使广西成为"北上中原，南下南洋"的交通要道。广西利用自身的地理位置优势承接了国家对外经济文化交流的重任，同时形成了独具特色的地方传统文化。广泛分布且各呈异彩的不同时代的文化遗产，承载着灿烂文明，成为今天见证历史，服务国家、民族发展大略，服务经济社会发展，凝聚民族团结之力，提升民族自信心的重要载体。

文化自信是一个国家、一个民族发展中最基本、最深沉、最持久的力量。2020年9月28日，习近平总书记在十九届中央政治局第二十三次集体学习时的讲话指出，"考古发现展示了中华文明的灿烂成就。我国考古发现的重大成就充分说明，我国在新石器时代、青铜器时代、铁器时代等各个时代的古代文

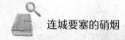

明发展成就上都走在世界前列，我国先民在培育农作物、驯化野生动物、寻医问药、观天文察地理、制造工具、创立文字、发现和发明科技、建设村落、营造都市、建构和治理国家、创造和发展文化艺术等各个领域都取得了令人赞叹的成就。这些重大成就展示了中华民族开拓创新、与时俱进、自强不息的进取精神，是蕴涵着丰富知识、智慧、艺术的无尽宝藏，是坚定文化自信的重要源泉"。广西自古以来便是多元文化共融的热土，其丰富的文化遗产是中华优秀传统文化的重要组成部分。为贯彻落实党的二十大精神和习近平文化思想，实施中华优秀传统文化传承发展工程，传承地方文脉，凝聚思想共识，增强文化自信，广西壮族自治区党委宣传部指导策划，广西出版传媒集团组织广西科学技术出版社编创团队编辑出版"考古广西"丛书。

"考古广西"丛书作为"文化广西""非遗广西""自然广西"等丛书的延续和拓展，被列入广西优秀传统文化出版工程。该丛书共10个分册，以翔实的考古资料和多位考古专家多年的研究成果为基础，全面梳理广西的考古遗存，以通俗易懂的语言和大量宝贵的图片，展示广西从旧石器时代至明清时期的最新考古成果和文化遗存，具体包括史前洞穴遗址、贝丘遗址，秦汉时期的城址，唐宋时期的窑址，世界文化遗产花山岩画，明代的靖江王府与王陵，明清时期的边海防设施，以及各时期的墓葬等。丛书集专业性、科普性、趣味性、可读性于一体，深度融合考古学、历史学、地理学、人类学、民族学、社会学等多学科的内容，高度凝聚考古专家多年的研究成果和心

总序

血，深入解读广西文化遗存蕴藏的厚重历史，生动展现广西考古、广西文物的时代价值，向世界传播广西声音，展现广西文化魅力，让更多人了解和认识广西，进而增强民族自豪感和文化自信。

提升公众保护文化遗产的意识和素养，传承民族的记忆与文化的精髓，不仅是每一位出版人的初心与使命，更是时代赋予我们的神圣职责。"考古广西"丛书不仅是对广西考古工作成果通俗化的全面展示，而且也是向世界递出的一张亮丽名片，让世人的目光聚焦广西，感受这片土地独有的文化韵味与魅力，以此增强广西的文化自信，提升广西在国内外的知名度和影响力，为广西的文化建设和社会发展注入强劲动力。"考古广西"丛书的出版还是深化全民阅读活动、提升公众文化素养的重要举措。它鼓励更多人走进历史，了解文化，感受古人的智慧与汗水，从而在心灵深处产生共鸣与回响，激发全社会对传统文化的兴趣与热爱。通过这一窗口，广西得以向世界讲述中国故事，展现中华文化的博大精深与独特魅力，促进不同文明之间的交流与互鉴。

"考古广西"丛书寻根探源，传承文化精髓。新征程上，我们以书为媒，共赴考古之约，让宝贵的文化遗产在新时代熠熠生辉，助力民族文脉薪火相传，为中华民族伟大复兴贡献文化力量。

丛书主编　林强

2024 年 9 月

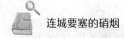

穿越连城硝烟
续写八桂新篇

「码」上一起

云游 千里雄关
跟随影像，了解南疆长城。

领略 边塞风光
走进广西，饱览大好河山。

缅怀 先烈事迹
探访景点，激发爱国情怀。

古老师

AI广西考古研究员

南疆长城是如何建立起来的？
连城的防御体系怎样发挥作用？
7×24小时，随时提问。

目 录

 连城要塞的硝烟

布局设计：
匠心独运的防御体系

历史变迁：
从烽火硝烟到和平繁荣的蜕变

目录

综述：南疆长城的前世今生

在广西与越南边境的崇山峻岭上，至今仍矗立着许多古炮台、古碉台和古城墙。炮台依山势而建，依山脊修筑的城墙将炮台与炮台相连，从远处眺望，犹如一条灰色长龙蜿蜒伸展在峰峦之间。这些由炮台、碉台和城墙组成的防线绵延分布在边境线上，构成了一道坚固的军事屏障，守护着祖国的南大门。这就是中法战争时期的历史遗迹——连城要塞，它是清政府为抵御法国侵略者而修建的。连城要塞连绵蜿蜒、气势宏伟、蔚为壮观，形成了以镇南关为前哨、以大小连城为中心的防御体系，享有"北有长城，南有连城""南疆小长城"的美誉。但为何这些军事设施会建在人迹罕至的荒山野岭中？它们到底有着怎样的作用和价值？要解开这些谜团，就要追溯到100多年前发生的那场中法战争了。

18世纪下半叶，清王朝开始逐渐走向衰败。与此同时，以英国为代表的资本主义国家先后完成了第一次工业革命，纷纷以武力为后盾向海外进行殖民扩张，寻找原料产地和产品倾销地。法国在北美和印度的殖民竞争中败给英国，于是把目光投向东亚和东南亚，企图在中南半岛建立据点，开辟一条通往中国西南和中部的通道。到了19世纪60年代，法国已占领越南南部地区，并建立"交趾支那"殖民地。然而法国的野心并不止步于此，他们想进一步侵略越南北部地区，殖民整个越南，企图蚕食我国西南边疆地区，以此作为深入我国内地、扩大侵略的桥头堡。

1883 年，法国侵略者占领了越南首都顺化，并逼迫越南签订《法越新订和约》，取得对越南的"保护权"。之后，法国的侵略矛头开始指向中国。为了迫使中国放弃对越南的宗藩关系和主权影响力，承认法国对整个越南的殖民统治，法国侵略者不断制造事端，企图挑起战争。1884 年 8 月，法国派出舰队攻打台湾基隆，并进攻福建水师，马江海战由此爆发。此役，福

连城要塞上的碉台

建水师全军覆没，震动了清政府朝野上下。清政府于8月26日被迫对法宣战，中法战争正式开始。1885年2月，法军大举进攻越南谅山，负责守卫谅山的广西巡抚潘鼎新却执行李鸿章"切勿攻坚伤精锐"的指示，怯敌畏战，退回关内。与此同时，法军则大举增兵，直扑中越边境侵入我国镇南关（今友谊关），并炸毁镇南关城墙。在西南边陲危急的关键时刻，清政府起用老将冯子材为广西关外军务帮办。冯子材身先士卒，采用灵活有效的战术，并在苏元春、王孝祺等部的配合下，毙伤敌千余人，最终取得震惊中外的镇南关大捷，迫使法军退回越南。战

争结束后，清政府却在英国的调停下与法国签订《中法会订越南条约》，即《中法新约》，承认越南为法国的"保护国"，落下个"法国不胜而胜，中国不败而败"的结局。至此，越南沦为法国殖民地，中国的西南门户变得岌岌可危。

中法战争前，越南为中国的藩属国。广西的西南部与越南接壤，边境绵延 1000 多里（1 里 =500 米），多崇山峻岭，交通险阻。中越边境线上只设立了隘口、哨卡，且防御设施极其简陋，两国虽有疆界，但边境长期处于"有边无防"的状态。中法战争后，法国殖民者完全占领越南，并在中越边境沿线驻屯

小连城炮台

重兵，修建各种明碉暗堡等军事设施，对中国虎视眈眈，威胁着中国西南边疆的安全。清政府为应付这种严峻的局势，防止法国背盟侵边，被迫在西南设防，命两广总督张之洞和广西提督苏元春在广西与越南接壤的沿边地区及北部湾沿海地区修筑军事防御工事。

在清代，广西属内陆省份，其西南地区（今崇左市的宁明县、凭祥市、龙州县、大新县，百色市的靖西市、那坡县）与越南接壤。陆防设施由广西提督苏元春督修，各处守将负责营建。沿海的廉州、钦州（今北海市、钦州市、防城港市）当时

归广东管辖,海防设施由两广总督张之洞负责督建。此时,摆在两广总督张之洞、护理广西巡抚李秉衡、广西提督苏元春面前十分紧迫的问题,就是如何加强广西的边防建设,以便对付已经占领越南并一直觊觎中国领土的法国侵略者。他们商议后认为,以镇南关为中心的凭祥、龙州一线,是边防建设的重点。于是,修复被法国侵略者焚毁的镇南关关城,便成为广西边防建设的序曲。

1885 年夏,苏元春调动军队开始修复镇南关关城。新关城建在凭祥左辅山与右辅山之间,长 1500 米,城身土筑,内外包砌砖石。在两山之巅建造大炮台若干座,拱卫关城,在大炮台上可俯瞰关内外。中法战争后,龙州在广西边防中的重要作用日益凸显。先是张之洞与李秉衡商定,将广西提督衙门由柳州迁移至龙州。龙州原本无城垣,后由李秉衡于 1886 年初奏准修建龙州城。广西提督衙门迁至龙州后,苏元春又先后在凭祥修建大连城,在龙州修建小连城。各城以山体为依托,在山脊上

连城要塞城墙

建起一道砖石结构的城墙，并将附近山上的炮台、碉台等设施连接起来。城墙中间形成巷道，宽约数尺（1尺 ≈ 0.33米），士兵可以穿行其间。从连城中心部位向东、南、西、北各个方向用料石砌起闸门，闸门可以启闭。在连城外围高山之上修建大炮台，以控制由越南方向行进的大路和山路，最终形成了以镇南关为边关前沿，大、小连城为联络东、西边防线和控制镇南关、平而关、水口关三关咽喉的军事要塞和指挥中心，边防炮台为两翼要点，龙州为后方基地的近代边防体系。

在千里边关、群峰之上修建炮台，安装火炮，是苏元春边防建设的重要内容。《广西巡抚马丕瑶等奏边防炮台分年修筑折》中记载："广西边防一千七百余里，处处紧连越壤，三关百隘，防不胜防，全赖扼险凭高，多置炮台，必一台足顾数隘，层层联络，节节应援，防务庶在把握。"这份奏折足以说明修建炮台对广西整体边防事务的重要性。苏元春随后制定了"路宽者筑台安炮，路窄者设卡开壕，甚僻者掘断禁阻。戍所预造地营，营外多栽刺竹"的边防策略，开始了广西边防炮台的建设。第一批炮台建造在龙州、凭祥两地有重要战略位置的山岭，修建时先剖掉山顶，再在上面修建炮台，另用石块或大砖围砌成台墙，四面开门，中间筑台安炮。第一批炮台的建设历时4年，于1890年竣工。有些炮台间隔过远，有些火炮在位置安排上不是十分合理，因此苏元春于1892年开始建设第二批炮台。第二批炮台的建设位置为龙州、宁明、凭祥等地的要隘山巅，炮台居高临险，依地势而建，以期御敌制胜。第二批炮台建成后，苏元春觉得在火炮配置上还欠周密，炮台的防御体系不够周全，

综述：南疆长城的前世今生

又动工修建第三批炮台。这一次主要是修建一批较小的炮台、碉台，分别设置于沿边各处高山峻岭、扼要之地，与各大炮台互为犄角，彼此呼应，以弥补前面两批炮台布局的不足。第三批炮台建造工程于 1896 年结束。至此，从 1885—1896 年的 11 年时间里，苏元春在广西 1000 多里的边境线上修建了大炮台 34 座、中炮台 48 座、碉台 83 座，共计 165 座。

　　建设广西边防需要一笔庞大的经费，主要用于订购火炮和

宁明镇陵大炮台

修建炮台。订购火炮的经费解决起来还算顺利，但修建炮台所需的白银 45 万余两，筹措起来就非常艰难。清政府东挪西凑解决了大部分，但是余下的 13 万余两，全部压在苏元春身上。为顺利完成炮台的建设，他不得不变卖田产，捐出俸银，停建府邸，甚至不得不挪用军饷来筹措建设经费。筹措炮台的建设经费不易，修建炮台也同样不易。炮台"扼险凭高"，都修建在沿边的高山上，工程十分艰巨。修建炮台的广大官兵和工匠

宁明镇明大炮台

长年劳作在荒山野岭上，劳动强度极大，且气候恶劣，日晒雨淋，死于事故、中暑和传染病者不计其数。建炮台不易，安装大炮也非常困难。最困难的要数把上万斤重的克虏伯大炮运上山顶，往往一天只前进数丈（1 丈 ≈ 3.33 米）。凭祥镇北炮台的大炮拉了 9 个月才到山顶，有些更高的，要拉几年才把大炮运到山顶。可以说，连城要塞完全是广大军民用自己的心血和生命铸造而成的。连城要塞的建设，有效遏制了法国侵略者的

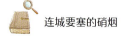

野心，使其不敢贸然进犯中国，得以使广西边境地区半个多世纪没有发生重大战事。

维护边疆稳定是边防最重要的任务。苏元春不仅重视防御设施建设，还积极推行移民实边、开设圩市等政策，以促进边疆经济文化发展和稳定地区安全。中法战争前，中越边境地区荒凉贫瘠，交通闭塞。战后，法国在越南边境地区大兴军事工事，广西瞬间成为军事要地与边防前线。为应对边疆危机，苏

综述：南疆长城的前世今生

元春奏请朝廷推行移民实边政策，充实防御力量。此举吸引了大量移民涌入广西西南地区。人口激增，不仅促进边疆地区经济蓬勃发展，还为边防部队提供了充足兵源。同时，苏元春修筑的千里军路直达边境炮台、关隘，这不仅提升了部队的反应速度，还改善了边疆地区的交通环境。此外，他开设圩市，鼓励商贸，打破了边疆闭塞局面，促进了物资交流与经济繁荣。他还创办同风书院，培养边疆人才，推动了南疆文化发展。

100多年来，连城要塞作为历史的见证者，承载着国家和民族的记忆。1885年的镇南关大捷，写下了中越军民不畏强暴、团结奋战打败法国侵略者的不朽篇章，极大地鼓舞了中越两国军民的斗志，沉重打击了法国侵略者的嚣张气焰。此次胜利是自鸦片战争以来，中国近代反侵略战争史上第一次重大的胜利。从此，镇南关名扬天下，成为中华民族精神和中国力量的重要标志。辛亥革命前夕，孙中山在中越边境领导武装起义，在起义军占领了镇南关后，他亲临镇北炮台指挥战斗并亲自开炮，后慨然道："反对清政府二十余年，此日始得亲发炮击清军耳！"孙中山领导的镇南关起义虽然失败了，但点燃了倾覆清王朝的火把，沉重打击了腐朽、没落的清政府，使反清革命斗争很快形成燎原之势，最终使清王朝分崩离析。抗日战争期间，镇南关是中国连接东南亚的重要通道，越南领导人胡志明多次在此出入，领导越南人民开展民族独立斗争，而日本帝国主义为阻止中国战场与东南亚战场的联系，曾将镇南关炸毁。1949年12月11日，中国人民解放军将红旗插在了镇南关的城楼上，标志着广西全境解放。1950年2月，在凭祥平岗岭炮台附近和平而

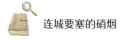

连城要塞的硝烟

关一带发生的平而关战役，中国人民解放军全歼败逃到境外的国民党残余部队。在随后的援越抗法、抗美援越和对越自卫还击战中，连城要塞均留下了光辉的一页。

经过百年的沧桑岁月，如今连城要塞上的城墙和炮台塌落甚多，大小火炮多数散失，只有少数炮台保存完整并为驻军所沿用。但是站在历史发展的角度看，它的意义仍非同寻常，其所蕴含的历史价值、军事价值、文化价值极高。它是清末我国南疆一个庞大且功能齐备的边防军事防御体系，其布防格局既是研究人类战争从冷兵器时代向热兵器时代转变的标本，也是边防体系建设的典范。另外，遗址上众多的石刻、匾额及建筑，设计巧妙、工艺精湛、装饰讲究，极富特色。如今，战火的硝烟已经消散在历史长河中，当年那些抵御外敌入侵的重要关口已成为重要的通商口岸和贸易枢纽，曾经的边境隘口也变成了联通内外、发展经济和进行文化交流的重要通道。

连城要塞遗址是我国现存保存最为完整、规模最大、绵延最长的近代边防军事设施遗存之一。2006 年，国务院将"连城要塞遗址和友谊关"列为全国重点文物保护单位。从 2008 年开始，在国家文物局和广西壮族自治区文物局的领导下，广西文物保护相关单位对连城要塞遗址开展了全面的考古调查工作。经过 10 多年的努力，相关单位在对原有已知遗址进行全面调查的过程中，新发现了不少炮台、碉台、城门、兵营、关隘的遗址。近年来，广西文物保护相关单位还对连城要塞遗址开展了保护规划、修缮和开发展示等工作，大多数炮台遗址得到修缮保护。目前，友谊关、大连城和小连城已建成国家 AAAA 级景

综述：南疆长城的前世今生

区并对外开放，防城港的白龙炮台、宁明的镇宁大炮台、凭祥的卫连左大炮台等修缮后也将免费对外开放。通过对连城要塞遗址的保护和宣传，可以帮助广大民众了解清末广西边防建设的历史，这对弘扬爱国主义精神，提高民众的文物保护意识和国防意识，具有重要的历史意义和现实意义。

历史缘由：
边疆烽火与策略选择

　　19 世纪下半叶，法国凭借强大的军事力量侵略越南，并企图以越南为跳板侵占中国西南地区。面对法国侵略者的野心，清政府内部出现分歧：主战派主张保护藩属国越南，而主和派则倾向放弃越南以避免战争。保越还是弃越，清政府陷入两难的困境。随着中法在越南的矛盾加剧，中法战争爆发，清军与法国侵略者展开激烈的战斗。在战争中，清军重创法军，赢得胜利，取得了震惊中外的镇南关大捷。然而，尽管在战场上取得胜利，但软弱无能的清政府却与法国签订了《中法新约》，此举严重损害了国家利益和民族尊严。

法国进犯北越，图谋入侵中国西南

◆▸◀◆

　　越南位于亚洲中南半岛的东部，地形狭长，略呈"S"形，北与中国广西、云南接壤，西与老挝、柬埔寨交界。中越两国文化相通，山水相连，历史交往源远流长。自宋代以来，中越两国长期维持着宗藩关系。1802年，越南地方割据政权广南国王室后裔阮福映建立阮朝（1802—1945年），次年阮福映遣使宗主国中国请求改国号为"南越"。最终清朝嘉庆皇帝下赐国号"越南"，并册封阮福映为"越南国王"，越南国名由此而来。阮氏王朝将越南划分为北圻、中圻和南圻三部分，即北部地区、中部地区和南部地区，国都为顺化。越南有两条大河，即南方的湄公河和北方的红河。湄公河发源于中国青海省唐古拉山，红河发源于中国云南省中部。

　　早在19世纪60年代，法国武力侵占越南南部地区（南圻），使该地区沦为法国殖民地，称此地为"交趾支那"。然而法国的野心并不止步于此，他们想进一步侵略越南北部地区（北圻），殖民整个越南，同时打通中国西南地区的商路，倾销商品。此时法国已经控制了湄公河河口地区，计划控制湄公河全部流域后溯湄公河而上，进入中国云南地区与清朝通商。法国方面为此组织探险队进行调查，但发现此路不通。因为湄公河上游就是中国云南省境内的澜沧江，澜沧江穿行在横断山脉中，流域地形错综复杂，水路航道危险，不利航行，再加上湄公河还流经泰国等其他国家，法国最终舍弃了这条线路。很快，法国又发现一个更好的选择——越北的红河。红河上游水道畅通，自古便是云南通向越南的水道。通过红河可以很便利地进入云南，这更加激起了法国进犯越北地区的野心，企图将红河作为入侵中国云南的通道。

1873 年 11 月，法国"交趾支那"总督擅自派安邺率军大举进犯北圻，并迅速占领河内等地，还把战火推向中国边境。越南国王阮福时请求活动在中越边境保胜（属今越南老街省）地区的刘永福率黑旗军（农民起义军余部）抗击法军。不久，刘永福率黑旗军与越南军民一起大败法军于河内，并打死侵略军头子安邺等数百人，迫使法军退回越南南部，粉碎了法国对越北地区的第一次军事进攻，使得法国占领越北地区的图谋没有立即得逞。1874 年 3 月，越南在法国的逼迫下，在西贡签订了《越法和平同盟条约》。条约规定，越南向法国开放红河，并给予法国在越南北部通商等多种权益。

侵占越南南部后，法国侵略的步伐开始逐步向越南北部加速，这严重威胁了中国西南地区的安全。是继续维持中越传统的宗藩关系，阻止法国继续侵越，还是中止这种关系而默认越南自行决断，清王朝内部展开了一场颇为激烈的争论。保越则与法开战，弃越可暂避敌锋芒。保越与弃越之争是关系到中法战争发生与进程的重大问题。

以李鸿章、郭嵩焘为首的主和派，主张弃越，主要理由如下：

越南身为中国的藩属国，却擅自与法国立约，接受法国保护，且事先没有通报清政府，在发现条约里弊害百出后才以宗藩关系为由要求清政府干预，说明其首鼠两端，中国没有必要为一个不忠诚的藩属国冒险与欧洲强国打仗。

越南孱弱不振、扶之不起，不如尽早放弃；越南被法国吞并不可避免，争之无用，且中国实力也有限；保护越南耗费巨大，得不偿失。

此外，保越失败有损清王朝威望，成功也会遭到麻烦，一断了之是上策。法越立约已成事实，最好的办法是装聋作哑，少管闲事。况且中越边界山路崎岖，行军不便，江河水浅滩多，军舰难行，即使法军逼近越南北部，也不会影响中国的安全。

最重要的是，法国是世界的经济、军事强国，与之决裂有害无益。清军的军事实力不如法军，与法国爆发战争还会扰乱与各国通商的全局，且战事一发不可收拾，会造成不堪设想的后果。

基于以上种种认识，为了避开法军的锋芒，弃越者主张撤回出关清军，只稍暗中资助刘永福领导的黑旗军，使之抵御法国侵略者，同样能收到固我边围之效。

主战派则包括张之洞、左宗棠、刘坤一、曾纪泽等多数地方督抚，他们主张保越，认为越南弃之不得，中越两国间存在的宗藩关系必须力加保护。他们的理由有以下四个：

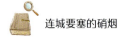

张之洞

第一，从封建立国的角度来看，只有保藩才能固边，进而稳定腹地。正因为保护藩属国有这样重要的意义，法国对越南的侵略堪比"震邻切肤之灾，唇亡齿寒之患"。他们认为越南的存亡直接关系到中国的安危大局，越南存则中国自强易，越南亡则中国自强难。

第二，从帝国主义占领殖民地的目的来看，越南落入敌手，将成为法国入侵中国的跳板。只要法国进入越北地区，必将窥伺滇、粤、桂边疆，中国不能无动于衷，坐视不救。

第三，从越南失陷的后果和影响来看，若法国吞噬越南，其他列强会争相效仿，造成西方列强均对中国虎视眈眈之势。主张保越者还把法国进逼越南北部同英国觊觎西藏、日本侵吞琉球联系起来，认为中国处于帝国主义的包围之中，若置越南不顾，势必"猸糠及米，情属危迫"。

第四，从战略上来看，越南比其他藩属国更加重要，非保不可。在所有的藩属国中，朝鲜和越南尤重，相比之下，越南与当时中国云南、广西、广东三省交界，水陆交通较朝鲜更为接近。

此时，清政府最高决策机构在保越与弃越的问题上，一直举棋不定。在军事上，一面派军队出关援助越南，一面又再三训令清军不得主动向法军出击；在外交上，一面抗议法国侵略越南，一面又企图通过谈判或第三国的调停达成妥协。

中法战争烽火连天，镇南关大捷震古烁今

◆ ▶◀ ◆

◆ 中法战争从边打边谈到正式宣战

1880 年，茹费理出任法国内阁总理，开始大肆推行殖民扩张政策，不仅要清政府承认法国对越南的殖民统治，还要清政府开放云南边境。1882 年 3 月，法国政府命"交趾支那"海军司令李维业指挥法军第二次侵犯越北。法军攻陷红河三角洲一带，并沿着红河向上游进犯。越军挡不住法军的进攻，阮朝统治者又一次请求黑旗军协助抗法。1883 年 5 月中旬，刘永福率领黑旗军在河内附近的纸桥大破法军，击毙李维业等 200 多人，法军被迫退回河内。随后法军又开始调兵遣将，积极部署，一方面在越北加紧攻击黑旗军，一方面以军舰进攻越南中部，直逼越南都城顺化。恰在此时，越南国王阮福时去世，越南内部各派围绕王位继承问题发生了权力斗争，局势更加恶化，最后投降派获胜。法国趁机攻取越南首都顺化，并逼迫越南签订了《法越新订和约》，取得了对越南的"保护权"，同时要求清政府撤出驻越军队，承认法国对整个越南的殖民统治，并开放云南通商。

历史缘由：边疆烽火与策略选择

越南作为中国的藩属国，法国却逼迫越南签订了《法越新订和约》，企图使越南脱离清政府的控制，慈禧太后闻讯后大怒，最终朝廷中的主战派占了上风。随后，清政府制定了"保藩固圉"的防御政策，一边以物资支援黑旗军，一边命云南和广西的军队开赴越南，大战一触即发。1883年10月，法国增派的援军抵达越南，随即向驻在河内以西的黑旗军进攻。黑旗军先是退守越南山西，后因武器落后、寡不敌众，且孤立无援，被迫撤出越南山西。由于黑旗军此时已被清政府招抚，且越南山西还驻有滇军，因此山西之战成为中法战争爆发的标志。山西之战失败后，随后的北宁之战、太原之战、兴化之战，清军接连失利。至此，越南北部的红河三角洲全部被法军占领，法军前锋逼近中越边界。慈禧太后因为越北战事的频频失利，将恭亲王奕䜣为首的军机处大臣全部罢免。由于法国方面此时也并未作好与清政府进行全面战争的准备，于是双方于1884年5月11日在天津达成《中法简明条约》。条约签订后，越南北部前线战事暂告平息，标志主战场在越南北部的中法战争第一阶段结束。

虽然签订了《中法简明条约》，但中法双方在条约文意的理解上发生了分歧，尤其就清军撤出越南的具体时间和地点发生了尖锐的争执。双方在条约执行的过程中也产生了矛盾。1884年6月22日，中法两军在越南谅山附近的北黎（中方当时称观音桥）爆发了武装冲突，法国以此为扩大战争的借口，要求清政府撤军、赔款。随后双方开始谈判，以求解决争端。法国在谈判的同时，乘机派出远东舰队开进福州和基隆，一方面胁迫

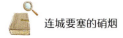

中国接受法国的条件，另一方面准备随时发动攻击，企图继续制造事端，再次挑起战争。谈判破裂后，法国重新诉诸武力，将战火扩大到中国东南沿海。8月23日，法国以先期驶入福州马江以内的优势兵舰向中国舰船发起猛烈攻击，福建水师仓促应战，马江海战爆发。战斗中，福建水师11艘战舰或沉或伤，官兵殉难者近800人。法舰又炮轰马尾船厂（福州船政局），将其击毁。此役，福建水师全军覆没。马江海战的惨败，激起国人极大愤慨。1884年8月26日，清政府被迫向法国宣战。从1884年5月《中法简明条约》签订后法军攻击基隆起，到1884年8月马江海战结束，为中法战争第二阶段，主要在中国东南沿海进行。与此同时，越南北部陆上战争也在继续。在法国已

描绘马江海战的油画

把战火烧向中国本土的情况下，清政府在战略上确定了沿海防御、陆路反攻的方针，并下令滇桂各军迅速出兵，沿海各地加强战备，严防法舰入侵。此时的越北战场有东、西两条战线，东线为主战场，由时任广西巡抚潘鼎新率领桂军抗击法军；西线由云贵总督岑毓英率领滇军与刘永福率领的黑旗军共同负责云南、保胜方向的战事，围困宣光一带的法军。

1885年2月初，法国大举进攻谅山，守卫谅山的潘鼎新消极应对，从谅山逃回镇南关。法军未经战斗便轻取谅山，10天后追至镇南关，潘鼎新又急急忙忙撤退到龙州。清军各部皆溃败，仅少数部队奋力抵抗，部将杨玉科战死。法军乘势占领镇南关，前锋一度进入中国境内十多里。由于兵力不足，补给困难，加上当地群众的武装袭扰，法军在炸毁镇南关城墙及其防御工事后，退至越南文渊（今越南同登）、谅山一带，伺机再犯。在撤离镇南关之前，法军还嚣张地在关前竖起一块写有"广西的门户已不再存在"的牌子。

◆ 镇南关战前准备

在西南边陲危急的关键时刻，经两广总督张之洞推荐，1885年2月17日，清政府急命近70岁的老将冯子材为广西关外军务帮办，率部驰援。冯子材，号萃亭，广东钦州（今属广西）人，早年因有战功，从士兵一直晋升到提督。冯子材带兵一向爱兵如子，其部也不骚扰百姓，因此在士兵和群众中威信很高。后受到同僚排挤、打击，冯子材选择辞官，告老还乡，以示不与世俗同流合污。冯子材被再度起用后，他迅速召集旧部，高举旗帜招募士兵。钦州百姓积极响应，很快便组建了一支 5000 人的新军。这位老将怀揣着"捐躯赴国难，视死如归"的坚定信念，带着两个儿子毅然地奔赴镇南关前线。他出征的时候，还带了一口涂着红漆的棺材，其上赫然写着"永为中国人，愿捐身躯抗法寇"十二个大字。全城百姓被他的壮举深深打动，纷纷前来为他送行。

冯子材

由于越北战事的不利，此时在前线清军各部中弥漫着一种敏感的气氛——湘、淮、粤各系将帅各怀心思、互不信服。到达前线后，冯子材根据这一情况，首先召集前线诸将晓以大义，使各将领在抗击侵略者的斗争中团结起来。受诸将推举，冯子材就任前敌主帅，统一指挥协调各军的行动。而后，他又采取了一系列的积极措施：改变全军的战略思想，变消极防御为积极进攻，定下"保关克谅"的作战方针；严格约束部队，一方面禁止军队扰民，另一方面收集散兵溃勇，恢复军队的战斗能力，把人心惶惶、军心不稳的局面稳定下来。经冯子材整顿，清军信心倍增，拆下了法军竖立的"广西的门户已不再存在"牌子，并在同一个地方另竖一块木牌，针锋相对地写着："我们将用法国人的头颅重建我们的门户！"

由于镇南关已被法国侵略者焚毁，冯子材决定扼守关内十里处的关前隘。这里两旁都是崇山峻岭，中间只有一条通路，地势险要，易守难攻。防守阵地选定后，冯子材立即率领萃军（冯子材号萃亭，他率领的军队被称为"萃军"）在隘口抢筑出一条三里多的长墙，横跨东、西两岭。墙外挖掘深沟，并在关前隘往后修筑一道土墙，遮挡向后的道路，以利于坚守；又在东、西两岭的山顶上修筑炮台，以便居高临下，用炮火压制进犯长墙和土墙的法军，因地制宜构成一个完整的山地防御阵地体系。

冯子材与众将商议后决定放弃残破的镇南关，计划引诱法军深入，先在横坡岭进行消耗战，随后在关前隘进行防守。当法军进行炮火射击时，清军再进入坑道工事，利用坑道和长墙作为掩护，减轻炮击伤亡。若有临阵逃亡的人，土墙后的督战队将毫不犹豫开枪射杀。在法军冲锋之时，清军则可在长墙上进行射击，壕沟则可以遏止法军的前进，同时两侧山地的清军

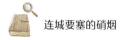

连城要塞的硝烟

进行侧击。一旦时机到来，清军将从三面冲出，与法军近身肉搏，扬长避短，充分发挥人数优势。与此同时，驻守油隘的部队则可以从后方截断敌军补给及退路。在兵力部署上，冯子材将主力集中在长墙和东、西山岭的堡垒，并亲率部队负责关前隘正面防御，其余将领则领兵固守边境各据点，相互策应。冯子材亲自指挥的部队加上王孝祺、苏元春和陈嘉等各部，此时清军东线的总兵力有 80 余营 3 万余人。

◆ 镇南关战役过程

1885 年 3 月 19 日，冯子材接到线人密报，法军将入关攻打龙州。为了打乱法军的进犯计划，冯子材决定先发制人，于 3 月 21 日夜率王孝祺部出关夜袭法军占据的文渊，击毁法军炮台两座、毙伤法军多人，取得较大胜利。清军的主动进击，打乱了法军的作战部署，迫使法军指挥官尼格里决定不等援军到齐即向清军发起进攻。

3 月 23 日晨，法军千余人趁大雾偷偷进入镇南关。10 时 30 分，大雾开始消散，法军便分两路进攻：主力沿东岭前进；另一路沿关前隘谷地前进，企图在主力夺取大青山顶峰堡垒之后，两路前后夹击，攻占关前隘清军阵地。此外，法军一部近千人部署在镇南关东南高地，作为预备队，并向油隘方向警戒。冯子材立即商请驻幕府的苏元春部前来接应，又通知王德榜部从侧后截击敌人。冯子材亲率所部和王孝祺部奋力迎击当面之敌。法军在猛烈炮火掩护下，经过几小时的拼死争夺，占领了尚未完工的东岭 5 座堡垒（分别构筑于小青山 5 个相连的山峰上）中的 3 座。冯子材见形势逐渐危急，激昂地高呼："法军再入关，何颜见粤民？必死拒之！"冯、王两军将士在他的激励下，誓与长墙共存亡，个个奋不顾身，英勇抗击，阻止了敌人的前进。下午 4 时许，苏元春、陈嘉等率部自幕府赶来增援。不久，蒋宗汉、方友升部也闻讯赶来，各部奋力抵抗。战斗呈胶着状态，双方相持不下，战事进入了拉锯战。当天，王德榜部自油隘出击法军右翼，牵制了敌预备队的机动，并一度切断敌人运送军火、粮食的交通线，有力地配合了东岭的战斗。入夜，清军进一步调整部署，由苏元春部协助萃军守长墙，王孝祺部守西岭，陈嘉部守东岭，蒋宗汉、方友升部扼守大青山顶峰。冯子材还派人调驻扣波的 5 营萃军前来抄袭法军左翼。附近群众连夜挑水送饭、赶运弹药，将士们磨刀擦枪、修补工事，严阵以待。经过一番休整，前线军民更加同仇敌忾，决心与侵略者血战到底。

3 月 24 日晨，尼格里指挥法军在炮火掩护下，分三路从东岭、西岭和中路再次进攻关前隘阵地，妄图倚仗火炮的优势取胜。他先派副手陆军中校爱尔明加率兵一部，利用大雾偷偷向大青山顶前进，企图突然夺取山顶堡垒，控制东岭制高点，但由于地形险峻，道路难行，法军偷袭未逞，不得已沿原路退回。冯子材传令各部将领死守长墙，并严令处死临阵脱逃者。上午 11 时许，尼格里见山顶久无动静，以为偷袭部队已不战而占领了山顶堡垒，便命令以猛烈炮火轰击清军正面防御工事，企图掩护沿谷地前进的法军接近长墙，配合东岭法军一举突破关前隘阵地。当敌人接近长墙时，冯子材

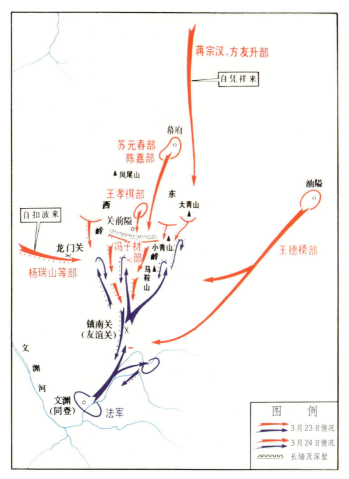

镇南关大捷经过示意图

（1885 年 3 月 23—24 日）

持矛大呼，率领两个儿子及所部将士跃出长墙，冲入敌阵，展开白刃格斗。此时，受冯子材英勇抗敌感召，当地民众和部分游勇也主动前来助战。中午，从扣波赶来增援的 5 个营萃军在杨瑞山、麦凤标等率领下，由摩沙村（龙门关西口）

冲进龙门关，突然出现在法军侧后方，给进攻之敌以意想不到的打击。经过殊死战斗，中路法军狼狈退回谷地。在关前隘长墙激战的同时，陈嘉、蒋宗汉则率部反复争夺被法军占领的东岭3座堡垒。直到傍晚，王德榜部在击溃法军增援部队及运输队后，从关外夹击法军右侧，配合东岭守军夺回了全部堡垒。这时，王孝祺部也击退了沿西岭进攻之敌，并由西岭包抄敌后。法军三面被围，死伤甚众，终因辎重被截、弹药无继，开始全线溃散，最后丢下数百具尸体狼狈逃回文渊。

◆ 镇南关战役后续

镇南关大捷后，冯子材、苏元春、王孝祺等人立即率领军队追击，一路上人不解甲、马不下鞍，先后攻克越南文渊、谅山，毙法军近千人，并重伤法军指挥官尼格里。正当冯子材计划在1885年4月中旬亲率东线官兵进攻北宁、河内时，清政府却和法国开始停战议和，并向前线各军下达停战撤兵的命令。冯子材气愤不已，多次请求再战未果，最终挥泪下令撤军。6月9日，清政府代表李鸿章与法国代表在天津签订《中法新约》，承认越南为法国的"保护国"。消息一出，举国上下一片哗然，世人评价此事为："法国不胜而胜，中国不败而败。"此事也成为老将冯子材的百年憾事。当时，全国不少地方通电谴责和议。一些爱国人士把清政府退兵令比作南宋岳家军从朱仙镇退兵的金牌诏，有的还赋诗填词，抒发悲愤："不使黄龙成痛饮，古今一辙使人哀。"

李鸿章（右三）与签订《中法新约》的法国代表

中法战争结束之后，清政府深恐卓有功勋的黑旗军以越南西北部为根据地继续抗法，或联合滇、桂人民反抗清政府；法国侵略者对黑旗军同样是又恨又怕，声言黑旗军一日不离越境，法国就一日不退出澎湖。于是，清政府接二连三地催刘永福率部回国。在法国侵略者和清政府的催促和利诱下，刘永福终于在 1885 年 9 月率 3000 人入关，次年被委派为广东南澳镇总兵，他所带回的黑旗军也随后被解散。

中国为了阻止法国吞并越南和保卫中国领土而进行的反侵略战争，完全是正义的战争。从军事上说，中国军民在这次规模远比两次鸦片战争大的战争中显示了自己的力量，最终取得了胜利，使法国在"北黎事件"后一直坚持的"踞地为质"、索取赔款的企图没有能够全部实现。但是由于清朝政府怯懦妥协，最终造成"法国不胜而胜，中国不败而败"的结局，因此在中国近代史上产生了极为严重的影响。

《中法新约》余波未平，清政府妥协让步

◆▶◀◆

镇南关大捷使清军在中法战争中转败为胜，当法军战败的消息传至巴黎后，法国总理茹费理引咎辞职。中国军队在镇南关和谅山的军事胜利，原本可为中越两国人民的反侵略战争带来光明的前景，然而软弱无能的清政府不仅没有利用这种极为有利的形势去争取战争的最终胜利，反而把军事胜利当作求和的资本。李鸿章在谅山大捷之后就迫不及待地表示："当借谅山一胜之威，与缔和约，则法人必不妄求。"清政府最高统治者立即采纳议和意见，表示仍然愿意按照与法国外交部在巴黎已经谈妥的条件恢复和平。法国方面，因军事失败和由此而引起的政局混乱，迫使它同样急切地希望按已经谈妥的条件终止战争。在英国调停下，李鸿章和法国公使巴德诺在天津会谈，并于6月9日签订了《中法新约》。

《中法新约》主要内容包括：中国承认越南是法国的"保护国"；在中越边界指定两处通商，一在保胜以上，一在谅山以北，法国商人可以在此居住，法国政府也可以在此设立领事馆；法货进出云南、广西边界时，应降低税率；中国建造铁路应向

法国人商办；法国撤走驻扎在台湾和澎湖的军队。《中法新约》的签订，使法国侵略者达到了发动侵略战争的主要目的。它不仅使法国夺取了整个越南，对中国也产生了深远的影响：第一，它代表清政府承认法国对越南的"保护权"，放弃了对越南的宗藩关系。清政府势力被逐出中南半岛，这使得中国失去了一个重要的邻邦和盟友，也使得越南成为法国殖民地。第二，它使得中国西南地区逐渐成为法国的势力范围，中国西南门户洞开。法国不仅在中越边界获得了通商口岸，并享有修筑铁路的优先权，还利用《中法新约》第七款的含糊措辞，在云南、广西等地进行了大量的勘探、建设和侵占活动，加速了中国半殖民地化的进程。第三，它使得中国通商口岸进一步对外开放。除了原有的十三个通商口岸，还增加了两个陆路通商口岸，并降低了进出口税率，这加剧了中国经济的对外依附性和半殖民地化。第四，它使得中国在国际上的地位和声望受到严重损害。《中法新约》是在清军在陆战上取得胜利之后签订的，却造成了一个不败而败的战争结局，反映了清政府的软弱和无能。第五，它使得中国人民对清政府的不满和愤慨达到了顶点，激发了中国人民的爱国主义和反侵略的斗志，为后来的戊戌变法、辛亥革命等社会变革奠定了思想基础。当然，《中法新约》对清政府也有相对积极的方面：一是规定法国撤出在基隆、澎湖的部队，这一条解除了台湾的危机，使得清政府在中法战争的最后也保住了台湾。战争后，清政府进一步意识到了海防的重要性，乃加紧建立北洋舰队，并于台湾设省，开始大力建设。二是《中法新约》的签订系清政府以相对最小的代价遏制了法国殖民者进一步军事入侵。三是《中法新约》的签订，促使中国许多仁人志士为改变国家前途命运寻找新的道路。新生的资产阶级改良主义开始汇合成一种新的社会思潮，为后来的变法维新作了思想上的准备。

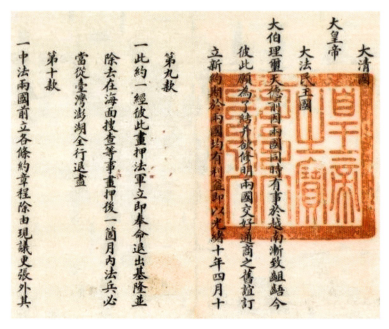

《中法新约》局部图

要塞建设：
防线坚固与边疆安定

　　苏元春在守卫西南边疆中殚精竭虑，竭力构建坚固的防线，保障边疆安全。首先，他制定了周密的防御策略，并克服了经费不足的困难，历尽艰辛在千里沿边防线上建炮台、安大炮，成功建立了坚不可摧的防御体系。其次，他还在边疆地区积极推行移民实边政策，完善水陆交通网络，发展近代工业，并通过兴办书院来发展教育。这些政策和措施不仅促进了边疆的经济繁荣，还使不同民族间得到了交流和融合，为边疆地区的长期稳定和发展奠定了坚实基础。

历尽艰辛，构筑坚如磐石的防线

◆▶◀◆

　　苏元春（1844—1908 年），字子熙，广西永安州（今广西蒙山县）人，出身团练，早年投入湘军任参将，后升为总兵，加提督衔。中法战争爆发后，苏元春署任广西提督，负责率部进入越南谷松，后配合前敌主帅冯子材取得镇南关大捷。镇南关大捷后，他被正式任命为广西提督，负责督办广西边防军务，戍边 19 年，修关隘、筑炮台、建城堡。

　　历史上，越南或归入中国版图，或作为中国的藩属国，中越边界长期处于有边无防的状态。中法战争后，越南被法国彻底侵占，法军在中越边疆沿线屯积重兵。一个船坚炮利、虎视眈眈的列强逼境，中国西南部出现了严重的边疆危机。1885 年 8 月，清政府谕令粤、桂、滇三省督抚，通盘筹划中越边防。但关于怎么防范这个问题，清政府内部有两种截然不同的观点。李鸿章认为，法国在越南为了应付越南人民起义和游勇的抗法斗争已经焦头烂额，没有更多的精力进犯中国，不需要担心他们背盟，所以认为广西边防的对象不是法国殖民者，那些"会党游匪"才是隐藏在边境地区的危险分子。如果不"严禁关门"，这些人就会像

苏元春

太平天国运动那样起兵作乱。而具备忧患意识的两广总督张之洞、护理广西巡抚李秉衡、广西提督苏元春等地方大员一致认为，中法双方缔结和约之后，清军遵守和约退回国内，如果法国在谅山、高平一带驻兵，那广西防线就处处危险，敌人要是背盟挑衅，瞬间就能打过来，我方得提前作好准备。后来，清政府接受张之洞等人的意见，同意将广西边防以镇南关为中心，划分为东、中、西三路。镇南关至关前隘、凭祥为中路，镇南关以东至上思州（今上思县）的剥机隘为东路，镇南关以西至小镇安的百怀隘为西路，中路是边防重中之重。苏元春随后制定了"路宽者筑台安炮，路窄者设卡开壕，甚僻者掘断禁阻。戍所预造地营，营外多栽刺竹，无事则各分守地督饬操练，有事则酌量缓急，抽调赴援"的边防策略。

◆ 精心制定防御策略，艰难筹措建设经费

中法战争后，中越两国就开始了勘界工作，主要依据1885年签订的《中法新约》进行。根据条约第三款的规定，中法两国应在六个月内各派官员到中越边界会同勘定界限，并在难以辨认的地方设立标记以明确界限所在。1885年11月，清政府委派的钦差大臣邓承修和法方首席勘界代表浦理燮等人，组成"中法勘界委员会"。勘界工作具体包括实地勘查、设立标记、绘制地图、签订协议。勘界过程中，中法两国官员亲赴边界地区对边界线进行实地勘查，在难以辨认的边界地区设立标记，以明确界限。双方共同绘制边界地图，并在地图上标注界线。

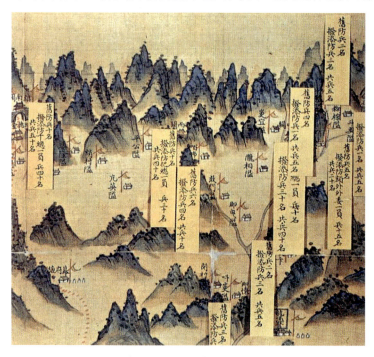

镇南关附近关隘清军布防图

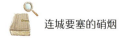

勘界完成后，双方签订协议，确认边界线的走向，并在边界上竖立界碑。这次勘界，中法双方共同勘定了粤越、桂越、滇越边界，并在边界上竖立了 300 多块界碑。中越勘界工作从 1885 年开始，持续了十余年，直到 1897 年结束，见证了中国与越南在边界问题上发生的诸多军事和外交事件。中越勘界之后，中越两国的边界从此得到了确认，这为后来中越的边界管理和和平共处奠定了基础。

清末，中越边界广西段从吞仓山（今属广西宁明县）至各达山（今属广西那坡县），全长 1000 多里，全线都处于崇山峻岭之中。有的地段是悬崖峭壁，陡岭深谷，草莽丛生；有的地段是原始森林，人迹罕至，野兽频出。这段边界线当时属于广西的镇安、太平、南宁三府所辖，沿边有镇南关、平而关、水口关三关，100 多个大小不一的隘卡，以龙州为锁钥。沿边的村落居户寥若晨星，只有少数隘口为中越两国边民互相往来的通道。苏元春作为战后广西边防建设的负责人，根据桂越边境的地理特点提出在沿边各重要关隘修筑炮台、营垒的设想，认为"惟有严锁以扼要冲，庶可安常而应变"。也就是说，一旦法国殖民者背约弃盟挑起战争，这些边防炮台、营垒就有应变的能力，可以抵御外来的侵略。

在千里边关、群峰之上建筑炮台、安装火炮，是苏元春边防建设的重要内容。建造炮台、购置并安装大批洋炮，需要一笔巨大的费用，如何筹措，这是首先摆在苏元春面前的重要难题。当时李鸿章掌握清王朝外交大权，对积极防务的同僚百般压制阻扰，加之自鸦片战争后，清政府割地赔款，战祸连年，致使财政支绌，国库空虚。广西地瘠民贫，财政状况更显窘迫，每年的财政收入不足白银 30 万两。苏元春估算，建造这么浩大的工程，要白银 40 多万两，以清政府的能力，要支付这么多银两是不可能的，只有东挪西凑，分期逐年调拨。在这样的情况下进行国防建设，着实举步维艰。

为了筹集广西边防建设经费，苏元春先是寻求两广总督张之洞的帮助。张之洞曾在 1884 年跟洋人借了白银 100 万两作为中法战争经费，战争结束后，还剩下 10 万两。经过张之洞奏请，清政府同意将这 10 万两白银供广西边防之用。有了这笔经费，苏元春开始认真勘察地形，精心选择边防建设地址，后于 1885 年奏准动用边防军开始了第一期边防工程建设。苏元春明白，尽管镇南关大捷取得了胜利，但敌强我弱的态势并没有改变，敌人随时都有可能卷土重来，修筑坚固的防御设施刻不容

连城要塞上的城墙

缓，钱够不够且放一边，先干起来再说。

　　第一期工程主要是建设以镇南关和凭祥的大连城为核心的边防中路，时间为 1885 年 7 月至 1890 年冬。第一期工程还未完工，苏元春又开始为第二期工程筹钱。广西边防二期工程建设起因是 1889 年 6 月龙州开埠（依 1887 年签订的《中法续议商务专条》），龙州作为通商口岸开放。据报法国在越南拟筑铁路，由海宁（芒街）沿边界至谅山、文渊，绕到平而关外的白榄村设站屯货，然后登船运至龙州，避开了镇南关中路的纵深防御和关税，而且势据龙州上游，镇南关反居其后，平时运货行销于桂、滇、黔，有事则运兵，非常便捷。由于形势出现了严重变化，龙州方向防线的重要性凸显，张之洞急召苏元春商量对策，决定购置 20 门克虏伯大炮，加强平而关、龙州一带的设防。该炮由德国生产，重量近万斤，运转射击自如，射程达

数十里，且威力巨大。1889年9月，张之洞专折奏请购买洋炮20门。不久，清政府批准了18万两白银的购炮费，张之洞即委托驻法公使向克虏伯兵工厂订购20门大炮。这些炮长且重，经水路运至龙州还需运保费2万两，合计20万两。这笔费用从广东协饷中每年扣4万两，4年扣16万两，还剩4万两待张之洞到湖北后，在湖北协饷中分4年扣完。购运大炮的经费经东挪西凑总算解决了，而修建炮台安炮还需一笔18万两白银的巨款。1889年11月，张之洞专为此事奏请朝廷，但清政府觉得边防炮台建设花销巨大，应暂缓办理。于是，苏元春、马丕瑶和当时的两广总督李瀚章于1890年5月又联名上奏，请求新建一批大炮台，共20座，计划分3年建完。此项奏议拖了2年，18万两白银的炮台修建费直到1892年4月才批下来。于是，广西沿边炮台修筑的第二期工程于1892年5月开始了。苏元春把第二期工程重点放在龙州、平而关、镇南关、水口关一线，并选择在龙州城西5千米的将山建造小连城（又称"小垒城"）。此地扼镇南关、平而关、水口关三关的水陆入口通道，还可居高护卫着龙州城。

　　两期边防工程建了不少炮台，但这些炮台相距甚远，不能构成密集的火力网。于是，苏元春决定再建一批炮台和碉台。这又需要钱，向上伸手已不可能，于是他想到了借：他向广西抚院借白银4万两，向龙州收放局借4万两，从边防军的"饷底"中挪借4万两，再向龙州的粤商借2万两，总共14万两。巨大的边防建设工程，靠这些投入还是不够，苏元春再也借不到钱了，只好把自己的俸禄和督办经费拿出来，还把自己在贵州的房产卖了，一共筹到了 13 万两，全部用在国防建设上。据后人回忆，苏元春"当边关元帅十多年，没有为自己置一点产业，连房屋都没有建一座"，"听说他在家乡永安建一座房子，只打好了墙基，因没有钱而停工了"。苏元春为了国家的边防建设而舍小家的义举，在边关一带留下许多佳话。

东挪西凑，修建炮台的钱还是不够，苏元春又想到了开源节流。开源就是办军事工业，既能解决部队的部分需求，又能减轻经济负担。于是，龙州制造局、火药局、军装局等都办起来了。这些工厂在一定程度上满足了部队的需求，还减少了军用物资长途运输的费用。节流就是提倡边防官兵艰苦奋斗，少发月饷，支援边防建设。当时广西边防军的月饷是 3.2 两白银，比湘军、淮军少。但是，这样的月饷也不能全额发放，只能每人每月发 1 元光洋和 30 斤大米，剩下的作为"饷底"存起来。后来，苏元春在借贷无门的情况下把历年积存的"饷底" 4 万两白银也挪用来建炮台了。后来有人因为这件事诬告苏元春"克扣军饷"，清政府复查这个案子，证明苏元春是在边防工程紧急的时候，情非得已才这么做的，没有据为己有的意思。苏元春这才得以洗刷了冤屈。

◆ 筑台安炮，修建坚不可摧的防线

"广西边防一千七百余里，处处紧连越壤，三关百隘，防不胜防，全赖扼险凭高，多置炮台，必一台足顾数隘，层层联络，节节应援，防务庶在把握。"根据这份《广西巡抚马丕瑶等奏边防炮台分年修筑折》的记载，足以说明修建炮台对广西整体边防

要塞建设：防线坚固与边疆安定

事务的重要性，这就是在千里边防构筑炮台的原因。沿边修建炮台的工作自1885年7月开始，至1896年5月基本结束，前后大概用了11年。整个工程可以分为两个阶段：1885年7月至1890年冬为第一阶段，1892年5月至1896年5月为第二阶段。

　　沿边炮台修建工作的第一阶段自修复镇南关关城开始，而后主要是修建龙州城和大连城。选址主要在凭祥、龙州两地的山岭，选择合适地点后剖开山顶，修建炮台。台城用石块和砖块砌成，四周开门，中央筑台安炮。其旁建弹药库，并开挖地道以通上下左右。这个阶段建成了10多座大炮台、40多座中炮台（亦称二号炮台、三号炮台）及碉台。在第一阶段工程基本完工的时候，广西巡抚马丕瑶于1890年秋奉旨巡边，在苏元春的陪同下检阅了边防炮台。后来他在给朝廷的奏折中写道：

宁明镇思大炮台

"所阅炮台，以象岭（即将山）、青山、白云、马鞍诸岭及（镇南）关前石山者为最稳固。中路布置渐臻完善。"从这份奏折可以看出，这位广西巡抚充分肯定了苏元春修建沿边炮台第一阶段的成果，修建的炮台已粗具规模。

1892 年 5 月，广西沿边炮台修筑的第二阶段工程开始了。苏元春根据第一阶段建筑炮台的情况，认真调查和布置，选择了凭祥的镇南关、平而关和龙州的水口关等处为修建大型炮台的地址。经过 4 年的努力，到 1896 年，又一批共 20 座大炮台得以建成。其中，较有代表性的有凭祥镇南关右辅山镇中炮台、镇北炮台、镇南炮台，平而关平公岭炮台。如平而关平公岭炮台所处之地是越南谅山、高平进入龙州的水陆关口，法国占领越南后，已将铁路修到了平而关对面，严重威胁了中国的

领土安全。苏元春在第二阶段修建炮台的计划中，将此处作为设防的重点，共修建了3座大炮台，其中的平公岭炮台由南北两个炮台相连接。在第二阶段大炮台施工的同时，苏元春考虑到按原有的布防仍留下一些空当，必须增建一些较小的炮台及碉台来补充，以便互为犄角，彼此呼应，形成比较周密的防御体系。于是，他又积极筹款，在沿边补建了一批中炮台和碉台。此项工作于1896年5月与第二阶段大炮台的修建同期完成。自1885—1896年的11年时间里，广西1000多里的边境线上建成了大炮台34座、中炮台48座、碉台83座，共计165座。炮台修建所耗白银共计45万余两。当苏元春奏报炮台工程完竣时，清政府即谕令两广总督谭钟麟拣派熟悉工程大员赴龙州一带实地查勘验收，据情复奏。谭钟麟派广东候补道萧丙堃前往查验。萧丙堃实地查勘后认为，大炮台34座、中炮台48座、碉台83座，和苏元春送呈的设计图式相符，且所有工程"委实系工坚料实，远近形势相联，大小高下得法，规模大备，战守有资"。这是对广西边防建设的炮台工程最好的、最实际的、最正确的评价。"工坚料实"，这就说明了炮台的工程质量很好，没有弄虚作假。苏元春曾自豪地跟人说："边防连营三百里，乌鸦飞不过，老鼠钻不进。"

所建炮台必须"扼险凭高"，故炮台都选址在沿边一线的高山上，因此建筑炮台的工程异常艰巨。炮台如果修建在石山上，就削山取石；如果修建在土山上，则拓山顶为平地逾亩，把砖石材料运上山再建台。所有炮台都根据地形而筑，用大石青砖砌成，台顶安装大炮，台内设兵房、弹药库，可藏兵百人。应该

说，为广西边防炮台建设作出最大贡献和牺牲的是边防军的广大官兵和木石工匠。他们长年劳作在荒山野岭上，劳动强度极大，且气候恶劣，日晒雨淋，死于事故、中暑和传染病者有 6000 多人，大部分是在工役中死亡的。《屯甲山炮台碑记》有这样的记载："凡半砖滴水，皆工匠、勇丁等如蚁载粒，出入于蛮烟瘴雨之中，往来于累巘重岗之上，其胼胝情形，甚于他处，有难尽以言语形容者。"

屯甲山今称大青山，在镇南关东北的关前隘，海拔 800 多米，为边防中路最高峰，所有建炮台的砖石材料都要通过人力搬运上山。碑文上描述的正是建筑炮台的情景。镇南关右辅山的大炮台就是凿山为台后建的，历时 4 年才建成。

修建炮台异常艰难，安装大炮也同样异常艰难。要把上万斤重的克虏伯大炮运上山顶，需先修一条坡度不陡的通到山顶的军工路，再把炮身拆成数件缚在木板上，下垫原木，由几百名士兵用绳子拉，用木棍杠。打一声锣，拉一次，往往一天只前进数丈。凭祥镇北炮台的大炮拉了 9 个月才到山顶，更高一些的，需拉几年才把大炮运到山顶。可以这样说，当时的广西沿边炮台，完全是广大军民用自己的心血和生命铸造而成的。

广西沿边炮台工程逐步建成后，广大边防军将士不分寒暑驻戍在高山炮台上，风雨无阻地巡逻祖国的南疆，有效地遏止了法国的侵略野心，使法国不敢贸然进犯中国，使中法在中越边境地区再也没有发生重大战事。这不能不归功于这条坚固的边防设施和忠勇的守边将士。

安装大炮场景雕像

励精图治，守护祖国南疆的安宁

◆▶◀◆

◆ 完善水陆交通网络，畅通边疆动脉

苏元春在建设边防工程的同时，花了十多年时间改善边境道路。他意识到龙州是广西边防的核心，交通是军事的关键，所以以龙州为中心，修建了很多军路。这些军路向东通到宁明爱店、那犁，向西连到大新硕龙、靖西、那坡，向南到达镇南关、平而关、水口关，向北则连接太平府（今崇左市）、南宁。这样一来，在边境就形成了一个纵横交错、四通八达的军事交通网。苏元春还修建了一些军路支线，直接通往边防线的各个据点、炮台、关口，让军需物资的运输和部队调防畅通无阻。据史料记载，当年苏元春在沿边地区修筑的军路达千余里。

在修建陆路交通的同时，苏元春还大力发展水路交通。龙州位于左江上游，水路交通发达，顺江而下能到达南宁、梧州、广州，逆流而上又能到达越南的七溪、高平，是当时一条重要的国际水路运输线。然而，龙州河道曲折，石险滩甚多，阻碍了船只的航行。在中法战争之前，航运工具以帆船为主，船体小、速度慢。比如乘帆船从龙州往南宁运送物品，再拉物资回

龙州，来回需两三个月，每年仅能往返五六次。由于水上交通工具落后，河道狭窄难行，龙州的水路运输发展得很慢。于是，苏元春决定引进先进的交通工具。他专门从广州定制了吃水较浅的车船三艘，以加强左江的运输能力。

苏元春还整治了龙州境内的左江、明江。他针对左江、明江滩多水急、河道复杂的情况，组织人力疏浚河道，使昔日"逶迤迂曲，巨石峋嶙""滩口出入紧容小舟"的险滩，变成"大川利涉"的水上通道。沿边地区水路交通的建设，形成了以龙州为中心的水路运输网络，大大加强了龙州与宁明、南宁、梧州等地乃至越南的联系。

陆路和水路交通环境的改善，不但让部队调防畅通无阻，而且方便了边境居民的日常生活物资运输，促进了边疆地区的经济发展。

◆ 移民实边，繁荣边疆经济

维护边疆稳定是边防最重要的任务。广西边境地区人烟稀少，经济落后，设防之处人迹罕至，食息荒凉。为了改善边防官兵长年累月的艰苦生活，稳定边防军的情绪，充实边防力量，苏元春推行移民实边政策，发展经济。

首先，苏元春鼓励官兵亲属至边境随军，还动员钦州、廉州、玉林等地的贫苦农民到边境落户，并在安家与生产上给予必要的帮助。龙州县城一位老者曾讲述："苏元春对百姓很好的，见一些百姓没有牛耕田，就专门买一百多头牛送给他们，还起一些房屋给当地老百姓住。"边境人烟逐渐旺盛，农业生产得到了发展，经济也开始慢慢繁荣起来。龙州的水口等军营由"地皆旷废无居人"到"久之，烟户相望，今则商贾辐，居然成市矣"。如今水口关附近有许多蒙山人定居，据说就是当年移民实边从蒙山迁过来的，他们后代还讲蒙山话。专家推测，这很可能跟苏元春和边防军统领马盛治均为蒙山人有关。

除号召戍边官兵家属移居边疆外，苏元春还妥善安置游勇。游勇是中法战争结束后被裁撤的官兵，他们游移于中越边关一带，是影响社会稳定的因素之一。苏元春和护理广西巡抚李秉衡等为解决游勇为患的问题，采取了灵活的游勇安置办法，除了发给盘缠遣散，还专门制定招垦章程，"于沿边预勘未垦荒田百数十处，足敷安插千余户口"，并规定凡"有来认垦者，由局验明计口授田，给资搭盖茅屋，酌发牛种农具，责令耕作。而于未经收获之先，仍量予盐米"，鼓励游勇在沿边地区开垦荒地。这一措施成效显著，既解决了游勇的生活问题，维护了边疆社会治安，又扩大了边境地区的人口，为国防建设奠定了社会基础。

开设圩市，鼓励经商。中法战争前，中越边境由于交通不便等局限，商业落后，圩市较少。边民的交易也多在路旁屋檐之下进行，很少成市。苏元春为巩固边防，在倡导移民实边开发边区的同时，开辟圩市，活跃边境经济。据龙州县的孙朝汉口述，苏元春来过下冻，开了一些圩场，如布局圩、水口圩都是他开辟的。凭祥一位叫余六姑的老人曾回忆说："苏元春为了鼓励群众来赶圩，最初的几次圩期，凡来赶圩的人都发给一两文钱吃晏（吃午餐）。久而久之，圩场就变得热闹了，又有人来

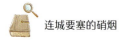

开店铺，店铺多了就形成了街道。"苏元春为了巩固边防，先后共开辟了二十几个圩市。"龙州圩市为全边冠"，且"除县治一毕外，水口圩、下冻圩及上龙属之响水圩、窟头圩为最繁盛"。中越边民、商贩定期集中交易。这些圩市的开设，打破了边疆地区的闭塞状况，增加了商贩的往来，使物资得以交流。圩市成了联系城乡商品经济交流的纽带，促进了边境生产的发展和边境经济的繁荣。

广西盛产八角，苏元春因此还成立了八角保卫局。八角是一种香料，经济价值较高。每当八角成熟之际，总有一些散兵游勇和社会上的无赖之徒上山强摘当地人的八角，或强买八角，民众对此事敢怒而不敢言，边境地区的社会治安由此败坏。为此，苏元春联合当时的太平府官员成立八角保卫局，规范与八角产销相关的各个环节，对八角种植、收获、交易、日常管理和保护都做了详细规定。例如，不许军民随意践踏八角林；八角成熟时，派兵护林，防止偷盗抢劫等。中法战争结束后，驻在越南的法国军队和商人极多。在日常生活中，法国人喜欢使用香料，而法国本土生产的香料极少，绝大多数依靠进口。苏元春和驻龙州的法国领事关系比较好，通过领事馆了解到法国本土香料原料缺乏的情况，知道他们急需大量的茴油香料。于是，他号召群众将八角熬成茴油卖给法国商人，并亲自和法国商人议定价格，防止其压价克扣百姓。等到茴油上市时，还派保卫局的人马保护。苏元春还设立了举报奖，凡有人举报茴油掺假，一经查实，对举报人给予重奖，对掺假者予以重罚。采取这一系列措施后，边境贸易得到健康发展，而且边境各村寨的百姓也从种植八角及发展其他农副业中提高了收入，改善了生活水平。

苏元春实行移民实边的措施，使龙州、凭祥一带边境原先荒芜的土地得以有效开发和利用，不仅巩固了边防，为国防建设提供了有力的后勤保障，还对繁荣边境经济直接起到了推动作用，促进了各民族间的经济文化交流。

◆ 发展近代工业，提升制造实力

第二次鸦片战争后，洋务派开始创办各种近代化军用、民用企业，私人创办的近代化工厂也如雨后春笋般纷纷出现，然而龙州仍无近代化工业，经济以农业为主。中法战争后，大规模的边防建设及大量的驻扎军队，使军械需求及维修成了亟待解决的问题。为此，苏元春在龙州招募一批工匠，开办龙州制造局、火药局，以供应边防建设及军队需要。火药局于1889年建于龙州小连城，以生产铅弹、简单火药为主。制造局于1899年建于龙州公山、母山之间，是广西用机械进行生产的第一家工业企业。据记载，仅1904年就"制造零件五百五十八件，铅弹一千二百五十颗，修整零件一百五十七件，枪支七百二十七杆，改造零件一件，刺刀二百八十把"。对比当时沿海沿江的军事企业，广西的军事工业也许规模过小，甚至不值一提，但对于广西近代落后的工业基础而言实属不易。制造局、火药局的开设，缓解了边防建设及边防军队亟待解决的军械问题，尤其是可以自行维修军械，不必再千里迢迢运往外地维修，既节约时间又节省经费。制造局同时也生产大批民用工具投放市场，深受边境百姓及越南人的欢迎。苏元春创办的这些军事工业虽仍属洋务派官办企业性质，但毕竟是开创了龙州近代化工业之先河。他还在思乐县（属今宁明县）通过招标方式开设煤矿，除了供应军队，还投入市场，获取一定的收益。

◆ 兴办书院，发展教育，促进民族融合

苏元春在从军前没有读过书，从军后他利用一切机会发奋学习。他的文化水平和书法造诣都很高，大连城修成后，他曾经赋诗歌颂："天生重镇筑连城，腹内深藏十万兵。远眺敌楼烽火靖，新开帅府将星明。穷边自此为根本，化外何能再抗衡。玉洞绿泉军敛足，流转四海永扬名。"这首律诗无论在思想还是艺术上都达到相当高的水平，它不但表现了将军藐视敌人的英勇气概，而且展示了广西边防建设的巨大成就。到过大、小连城边防指挥中心工程的人，可以看到苏元春书写的"玉洞""情游于物外"及"一大垒城"等石刻，书法艺术水平相当高。从这方面上来说，这不仅仅是一种书法艺术，还起到了激励官兵斗志的作用。

苏元春不但自己刻苦学习，还规定各级官员和士兵都要读书学文化。他认为愚昧的没有文化的军队是不能战胜敌人的。他的部将马盛治原本目不识丁，苏元春便强迫他读书作文，并定期检查，经过努力，马盛治达到了能起草军书的文化程度。其他将士也纷纷学习，边防军的学习风气因此较为浓厚。当时苏元春从德国购入的大量火炮等近代化武器，不掌握一定知识的人是不能操作的，但由于苏元春重视文化建设，士兵掌握这

些武器也就很快。

由于种种原因，边境地区文化比较落后，边民对子女的教育关注不够。苏元春深知教育事业对于团结民众，培养爱家、爱国之情的重要作用，他带头拿出自己的 2000 两俸银，作为创建同风书院的费用。在他的带动下，其他官员纷纷捐资，很快就建起了边境的第一座书院。这座书院在边境地区起到了移风易俗的效果，开创了边境地区的文化教育之先河。苏元春为保证书院经费，还专门从八角保卫局中抽出一定比例收益供书院使用，"育人才，培植化风，于地方实有裨益"。同风书院的开办，起到了团结当地民众、教育戍边官兵和边民子弟的作用，在一定程度上为边防建设事业培养了可用之才。苏元春此举为稳定边疆，发展边疆文化教育事业作出了重要贡献。

移民实边政策的实施，不仅使汉族移民的数量在增加，而且其他民族移民的数量也在迅速增加。如今靖西市的金姓、马姓回族即于光绪年间迁入。由于当地回族人数增长很快，为便于开展民族活动，回族人民便在城内建起了清真寺。

随着大量移民涌入，边疆地区语言呈现出丰富多彩的特色。这些移民多来自广东及苍梧等地，大多讲广东话，而随着时间的推移，各族人民在长期交往的过程中相互影响、互相渗透，从而使各自的语言与他族语言产生了不同程度的涵化现象。生活在边疆地区的人，有的讲土话，有的讲广东话，还有的讲广西官话。土话主要是壮语，随着边民的日常交往逐渐频繁，原先的土话慢慢有所改变。久而久之，本地壮族人与外地的壮族人交谈时竟然出现了语言障碍，说明原先当地的土话已经有了很大的变化，形成了一种新的壮语变种。大量移民的到来，使边疆地区呈现多民族杂居的分布格局，民族间的界限越来越模糊。各民族友好相处，共同生活，不仅有利于民族间经济文化交流与发展，而且对进一步增强中华民族的凝聚力具有积极的意义。

要塞建设：防线坚固与边疆安定

忠勇爱国，开创建设边防的伟业

◆▶◀◆

　　苏元春以提督军职督办广西边防军务 19 年，为保卫和建设我国西南边疆作出了重大贡献。特别是在中法战争后，在地形险恶和边防经费极端难筹的情况下，苏元春排除万难、艰苦奋斗建设边防，做出了卓绝的成绩。凭祥市大连城白玉洞《一大垒城》碑文记载："事经创始，不敢惮其艰难，务使一劳永逸，俾偿夙愿。"由此可见，苏元春奉旨督办广西边防后便有一种使命感，将建设好广西边防作为自己的夙愿。他将驻柳州的提督署迁到了龙州，同时将父亲的衣冠冢也迁葬龙州，在边疆安身立命，还说"予奉天子命督防于斯，事务之役，几于日无暇晷"。他对边防军的训练和管理亦十分严格，根据《苏元春致总署函》中记载："况日与强敌为邻，简练军实，何敢稍涉大意。"多年来，他一直以认真负责、不辞劳苦的态度主持边防建设。

　　他既是一个有军事才华的指挥官，又是一个洁身自爱的清官。广西的边防建设需要一笔庞大的经费开支，但他却毫无贪财的念头，在当时贪腐成风的清政府中，实属难能可贵。据史料记载，仅以沿边炮台的修建而言，165 座炮台、碉台的工程建设费用为白银 45.55 万两（据《苏元春奏修筑炮台工竣折》）。其中，34 座大炮台用去 30.8 万两，48 座中炮台用去 4.9 万两，83 座碉台用去 2.9 万两，历年的制作炸药、炸石、修路、购买机器、安装火炮等杂项用去 6.8 万两。另外，向德国订购 20 门克虏伯大炮连同运费用去 20 万两。这笔费用由户部批准，从广东协饷中每年扣 4 万两，连扣 4 年，得 16 万两，余下 4 万两，由张之洞调湖北后从湖北协饷中扣出。这笔订购克虏伯大炮的费用解决起来还算顺利，而炮台修建所耗的 45 万余两，筹措起来就很不容易了。除户部指定各省分 4 年拨白银 18 万两，挪借 14 万两白银外，余下的 13 万余两，全部压在苏元春身上。于是，他不得不变卖田产，捐出俸银，停建府邸，挪用边防军各营扣存底饷以作弥补。由于经费来之不易，苏元春提出了"役不及民，费不糜帑"的主张，并在施工过程中尽量利用边防军的廉价劳动力。苏元春还创办制造局、火药局、砖瓦窑厂等，尽量降低建筑材料的成本。苏元春为了边防建设，可谓煞费苦心。在清朝晚期，军队里吃空名、克扣兵饷、中饱私囊的现象极为普遍，官场中贪污受贿成风，腐败炽盛。而苏元春为了建设边防，不但不与他们同流合污，反而能操廉自守，奉献自己的俸禄家资，实为难能可贵！

苏元春还是一个坚定的爱国者。中法战争后，法国挟"不胜而胜"的余威，要求辟龙州为通商口岸。在讨论开放龙州为通商口岸时，李秉衡、苏元春上书反对，他们认为若法国真有通商之意，应在关外设立口岸，而非深入内地，否则龙州一旦开埠，无异于引狼入室。遗憾的是，清政府屈服于法国，答应开辟龙州为通商口岸。随后，法国就在龙州河对岸建设新的商业区和领事馆。对此，苏元春迅速采取行动，在小连城和龙州西门外的公母山修建了炮台，以备不时之需。一旦有风吹草动，这些炮台的火力足以摧毁法国的龙州领事馆和商业区。而李鸿章对此事持批评态度，他认为法国只是想与中国进行贸易往来，未必心怀恶意。他还说，那些洋行与兵营、堡垒根本无法相提并论，就算它们有什么不良企图，又能成什么气候？李鸿章还告诫苏元春，不要做得太过明显，以免引起法国人的猜疑。

当中国沦为半殖民地半封建社会后，帝国主义设在我国境内的领事馆、洋行、教堂，有的就是窝藏军火、图谋颠覆政权、发动侵略的据点，这样的例子比比皆是。那在自己的土地上修建炮台、加强防御，为何还要害怕洋人的猜疑，而不能光明正大呢？反观李鸿章，他在大小事务中一味偏袒法国殖民者，处处为洋人说话，是个不折不扣的卖国贼。

苏元春建筑大连城后，将镇南关至龙州的道路缩短了20余里，但是他不许外国人进入大连城。法国人从谅山去龙州时，必须避过大连城绕道而行。大连城不仅是边防军事要塞，还是边防指挥中心，是广西边防线的核心。在涉及国家安全和领土主权的问题上，苏元春坚决不向帝国主义妥协，也绝不允许帝国主义的侵犯。

1885—1897年，中法两国勘立中越边界时，对龙州金龙峒七隘三村的归属问题展开了激烈争论。明、清时代，金龙峒属于广西太平府安平土州管辖，清末时被越南偷偷占了，法国人

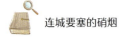

希望通过划界将其实际占有。这个地方在中越边界龙州的西北部，和越南高平省的下琅县交界，距龙州70多里，是龙州通往归顺（今靖西市）、镇边（今那坡县）、百色、云南的重要通道。苏元春将其喻为广西边防的"左臂"。若被法国人占据，那它可以切断广西边防西段的运输线，并从背后袭击龙州。由此可见，金龙峒所处的地理位置非常重要。

苏元春一方面在金龙峒七隘里修筑了3座炮台，派一营驻守；另一方面上书清政府，据理力争金龙峒为我国领土，从金龙峒地理形势的重要性强调此乃广西边防要地，决不能让法国人侵占，并极力主张收回金龙峒。据说，当时法国欲出兵占领，造成既成的事实，然后逼迫清政府在勘界时退让。为了打消法国人的念头，苏元春随即暗中鼓动一批游勇进占金龙峒，在那里进行反对法国侵略者的活动。法国人看见中方态度坚决，而且金龙峒一带的游勇活动猖獗，就不敢再争要这个地区了。虽然苏元春并没有直接参加当时的勘界工作，但长期驻防边关，深知兹事体大，且他的重要职责就是守边，对于金龙峒的归属问题就更不能置身事外了。清末期间的中国早已积贫积弱，能从列强手中收回失地实属不易。苏元春积极主动争取金龙峒的回归，这是他爱国的真实写照。

1903年，苏元春被两广总督岑春煊诬告入狱，罪名是"克扣兵饷，纵匪殃民"，以及"招匪纳叛，蓄意谋反"。苏元春被判"斩监候"，后经同僚保奏营救，被改判流放新疆。当时的法国总统很敬重苏元春，当得悉苏元春被判死刑后，即致电驻华公使向清政府说情，愿为苏元春垫付12万两所谓克扣的饷银，担保他出狱。随侍慕僚将此事告诉狱中的苏元春，他却回应道："法，吾仇也，死则死耳，藉仇以乞生，是重辱也！君为我谢之。"在生死关头，苏元春能以国家民族利益为重，深明大义，置个人安危于度外，充分体现了他的凛然正气和高风亮节。

苏元春从 1884 年担任广西提督，至 1903 年含冤入狱，戍边 19 年（其间虽短期调离，但实际上并未到位），对广西边境开发和建设呕心沥血，为繁荣南疆、巩固边防几乎耗尽了后半生心血。他担任广西提督期间，法军不敢有非分之想，边防长期无战事，人民安居乐业，不仅遏制了法国的侵略野心，还促进了边疆地区的经济文化发展，为西南边陲的长期稳定作出了重大贡献，受到了边疆人民的尊敬和热爱。当他含冤充军病死新疆的消息传到广西边境时，许多边民烧香遥祭，有的人还将自己收藏的苏元春用过的物品拿出来设立衣冠冢，以纪念他的恩德。

布局设计：
匠心独运的防御体系

连城要塞在布局设计上可谓匠心独运。苏元春精心规划了层层设防、梯次防御的策略，确保防线稳固。通过"城"串"城"的设计，实现了联防联动，增强了防御效果。巧妙利用自然环境，在岩洞内部设置了指挥中心，为要塞提供了隐蔽而有效的军事指挥中枢。同时，炮台布设互为犄角，实现了火力大范围覆盖，大大增强防御能力。通过这些设计，苏元春成功打造了一条固若金汤的千里防线，有效保障了祖国南疆的安全。

层层设防，梯次防御的规划

◆▶◀◆

广西与越南交界的地区，地处广西西南部、云贵高原东南边缘，地势呈西北向东南倾斜状。沿线地形以山地丘陵为主，地形起伏较大，山峦重叠、沟壑纵横、岭谷相间。边界中部的平而河、水口河从越南由西向东流入我国境内，在龙州汇合成丽江后注入左江，融入珠江水系，并在龙州、宁明两地形成了相对较大较平坦的河谷盆地。沿线山脉呈弧形分布，由西北向东南依次为大青山、金鸡山、公母山、十万大山等山脉。这些山脉首尾相连，排列于中越边境地区，形成了地势险峻、易守难攻的天然屏障，是军事防御的重要依托。

苏元春根据广西边境的地形情况，遵照"严锁钥，扼要冲"的设防原则，以及"路宽者筑台安炮，路窄者设卡开壕，甚僻者掘断禁阻。戍所预造地营，营外多栽刺竹"的策略，将镇南关作为广西边防的中心，把整条边防线分为中、东、西三路重点设防。中路，从镇南关到凭祥土州，包括镇南关口、关前隘、凭祥、龙州等地，主要防御镇南关和关前隘；东路，由镇南关以东至百仓隘，重点防御明江厅（属今广西宁明县）的由隘、宁明州（属今广西宁明县）的罗隘、思陵土州的爱店隘、上思州（属今广西上思县）的百仑隘和剥机隘；西路，自镇南关以西到百怀大隘，包括龙州厅（属今广西龙州县）的平而关、水口关，下冻土州（属今广西龙州县）的布局隘、梗花隘，归顺州（属今广西靖西市）的频洞隘、龙邦隘，镇安厅（属今广西那坡县）的猛峒、剥淰隘、百怀大隘等。

广西边防三路中，中路因为控制中越水陆交通要冲，又距法军控制的北越重镇河内最近，所以战略地位特别重要，加上中路地形平坦，交通便利，是边防的主要方向。东路因隘口较少，西路因地形险要复杂、易守难攻，故作为次要方向。

中路防御地域以凭祥和龙州为重点，以镇南关、平而关、水口关及附近的炮台组成一线防御阵地，以大连城、莲花山城为二线防御阵地，以大垒城、石垒城和小连城为三线防御阵地。各防御阵地以关隘、道路、河流和重要城镇为主要防守目标。边境一线防御阵地以坚守关隘口为主，并在关隘周围的山顶上修建炮台和营垒。二线和三线防御阵地则是在主要防守目标旁修筑城池、营垒、炮台、碉台等防御设施，组成了一个个防守阵地群。各阵地群间开辟水路和战备道路相连，组成了梯次纵深配置的主群式防御体系。东路的宁明各防御设施呈点状分布，修筑在各关隘到城镇间的道路旁。西路沿龙州北、大新、靖西、那坡边境，主要以防御边境隘口为重点，在周边山上修筑炮台、碉台和营垒等防御设施，各设施以点状沿边境线排列，呈带状防御态势。

连城要塞巧妙地利用边境地形，结合各城镇位置及河流、道路的走向，所修建的各类型防御设施以点、线、面方式相结合，组成了有重点、有梯次、有纵深的边防布局。可以说，因地制宜、用险制塞、依山建城正是这种防御体系的特点。

小莲城镇龙台（前）、镇龙炮台（后）及碉台（右）

以"城"串"城"，联防联动的设计

◆▶◀◆

在连城要塞遗址中，过去人们一直以为只有大连城、小连城两座城。大连城位于凭祥，原名"连城"，因其面积较大，后人命名为大连城；小连城位于龙州，因其面积比大连城小，以及山间修有一座"小垒城"城门，为区别于凭祥的大连城，后人称其为"小连城"。两座城均为广西边防的指挥中心、驻军兵营和后勤基地。除这两座城外，是否还有其他城的存在呢？

2008 年后，广西对连城要塞遗址开展了大规模考古调查。在调查中，考古人员发现在龙州多座炮台的山下有城门或城门遗址。当时考古人员就有这样的疑问，为什么在深山中一处无路可走的山坳间修建城门和城墙呢？难道只是为了保护山顶上的炮台吗？考古人员猜测，肯定是有什么重要的东西需要保护。

带着这些疑问，考古人员在查阅一些学者关于广西边防的研究成果时，果然发现提到其他城的存在。例如，台湾学者黄嘉谟先生撰写的《清季的广西边防》一文里，在描述连城要塞炮台或碉台的位置时，就记录有"连城大营""小垒城""大垒城""石垒城"4座城。从文中的描述可知其大体位置，"连城大营"就是现今凭祥的大连城，"小垒城"就是现今龙州的小连城，"大垒城"则在今龙州县平而河大里城，"石垒城"大体在今龙州县那王炮台一带。

另外，在2017年发掘大连城兵营遗址的时候，凭祥市博物馆提供的一张只有巴掌大小的手绘旧图引起了考古人员的注意。图中详细描绘了大连城的布局和样式，还写有"连城大营"的字样。考古人员以这张手绘旧图为线索，经过1年的多方寻找和了解，终于发现该图属于清末绘制的《广西边防与越南交界沿边要隘驻军筑台形势图》中的一小部分，该形势图现收藏在中国国家博物馆内。该图描绘的凭祥和龙州一带图案，清楚标注有9座城之多，分别为"连城大营""大垒城""石垒城""小垒城""莲花山城""布局山城""河渡山城""左辅山城""右弼山

"小垒城"石刻

城"。其中，"连城大营""小垒城""大垒城""石垒城"的位置与黄嘉谟先生记录的位置基本相同；其余的 5 座城，也可推断出大概位置。

"大垒城"石刻

考古人员根据收集到的资料和线索进行了针对性的考古调查，证实了这些城是确实存在的，改变了以前认为连城要塞遗址只有大连城、小连城的看法。这些城利用了山区复杂的地形，建在地势险要、易守难攻的崇山峻岭内。其四面环山，既能利用天然陡峭的山体作为防御"城墙"，有效地防御敌人的进攻，又可在盆地内修建后勤保障设施，满足驻城官兵的日常居住、执勤防御和军事训练之需。"城"的周边多座山顶上修有碉台和炮台，以便侦察敌情，打击越境来犯之敌。山与山之间用城墙连接，在低矮的山坳处建有城墙和进出的城门，使之成为一座完整、独立、封闭、有闩有栏、可开可关、安全可控的城，以保护城内驻防官兵的安全。城中较平坦的盆地内，建有将领指挥所、驻军兵营、军用水井等设施，确保驻防官兵的后勤保障。

这些城主要分布在边境各个关隘到龙州县城之间的道路和河流旁，形成了以城为点、以道路和河流为线的"连城"防线。这样既能阻挡外敌沿河流、道路向境内进攻，又能保证水陆交通畅通，便于军情的传递和后勤物资的运输供应，形成有梯次、有战略纵深的层层防御体系。各座城大小不一，其中规模最大的是大连城，设施也最齐全，位居九城之首，是所有连城的大本营，也是整条边防线的指挥中心和军事基地，是这些城的"首领城"。

这一考古新发现，丰富了连城要塞的内涵和要素，有利于人们正确理解广西边防遗址的军事防御体系，表明苏元春当年所建的防御体系是作为一个连城系统存在的。每座城作为联防联动的军事设施，并不是单独、独立存在的，而是置于一个完整的边防战略格局中。

岩洞之内藏中枢，指挥中心的奇妙构思

◆▶◀◆

　　龙州小连城建于 1892 年 5 月，是继凭祥大连城之后，清末广西另一处边防前线指挥中心。苏元春把小连城建在龙州城西 5 千米处的将山上，这里山势陡峻，山脉绵长，位置优越。苏元春命将士在将山及周围的山上砌起石墙，与建成的炮台、碉台、兵房、道路相互连接，绵亘数里，宛若灰色长龙，被誉为"南疆小长城"。将山主峰上建有大炮台，附近小山上建中炮台和碉台。这些设施互相连接，构成类似大连城的又一个边防要塞，担负着扼控平而河、水口河入龙州的道路及护卫龙州城的任务。

　　将山主峰南侧山腰上有一天然岩洞，称龙元洞，洞口下距山底约 150 米，有石阶直通山脚。龙元洞高约 40 米，分上下两层，总面积约 2100 平方米。苏元春将龙元洞精心改建后，把提督行署设在此洞中，并命名为"保元宫"，作为文武官员聚集议事的场所。小连城的设计精巧绝妙，布局合理。山顶的炮台是军队实施打击的火力点，称为卫龙炮台。炮台与炮台之间沿着山脊筑有城墙，依山势蜿蜒，蔚为壮观。小连城根据将山山势精巧布局，建造了十几座炮台、碉台，每个炮台附近都设有兵房、弹药库等设施。其中，镇龙主炮台是众炮台中占地面积最大的一座。炮台中间安放大口径火炮一门，其火力范围可以辐射整个谷地。

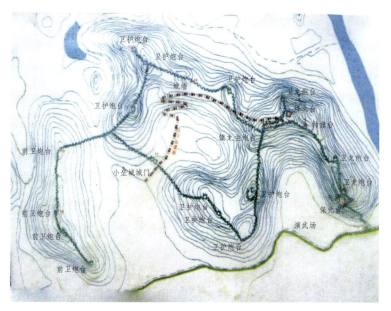

龙州小连城炮台分布示意图

龙元洞是旱洞，洞内并无水源，从山下挑水到洞中会非常不便。建造者为何选择水源补给不便的洞穴作为提督行署？考古人员发现，原来在岩洞的多处都有蓄水点。水是沿着洞壁从洞顶上面流下来的，在蓄水点的下方放置一个装水的容器即可。洞顶的天然裂隙可以将山顶的雨水引流到洞中，供人饮用，但水量十分有限，仅够几十人饮用。洞穴的精妙之处并非

龙州将山

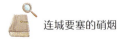

仅仅如此，洞顶上面还有一个天窗。长期居住的洞穴，通风干燥同样重要。以前保元宫至少有几十人长期驻扎，松脂、油灯燃烧所产生的烟雾量很大，而洞顶上面的天窗与下面的洞口有一定高度差，会产生一定气压差，可以使洞穴里的空气往外流动，使大量烟雾迅速排出，从而保持环境干燥舒适。

据史料记载，当时驻扎在小连城的士兵有1000余人。然而，保元宫和山顶炮台上的地方十分有限，且山顶上也没有发现水源，仅靠保元宫少量裂隙水无法满足士兵的饮用需求。考古人员发现，在众山包围的洼地中，有个地方被称为小垒城，是整个小连城的组成部分。小垒城四面环山，仅有一个出口，适合军队驻扎。原来，小连城的中心位置是众山包围的山间小盆地，盆地面积大约有一个标准足球场的大小，可以容纳千余人。大量士兵驻扎在这里，平时轮流去山上换防，战时可以快速到达各个炮岗。小垒城所在的盆地是四周的最低点，会不会有地下河出露地表呢？果然，考古人员在城门附近的石墙旁边找到了水源。该处水源属于地下水出露地表，由于是四周最低点，周围大范围的水资源会通过地下河汇集，并且该区域山体植被相对丰富，涵养水分的能力较强。因此，即使到了枯水期，这里的水量也足够营地中的士兵饮用。保元宫是一个指挥部，人员不会很多，仅是裂隙水也能满足他们的饮用，而小垒城是一个庞大的兵营，用水只能依靠山下的山泉水。相传，苏元春为解决军队的饮水问题，曾宴请村野父老，指点水源。有一不请自来之客，"自带筷子"赴宴，苏元春笑脸相迎，以礼相待，多次殷切恳求，终于靠他找到了泉眼。有了水源，官兵的生活

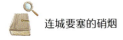

小垒城城门

就有了基本的保障。此外，小连城防御体系的范围不仅是保元宫所在的提督行署和山上的炮台，周围还有兵营、卫所等众多辅助建筑。

小连城周围是一片开阔的河谷，根本无险可守。作为一个孤立的防御堡垒，若敌人将小连城团团围困，山顶的士兵该如何脱离险境？

相较于小连城所在的河谷，往南约8千米的平而河上游峡谷，地势更为狭窄，峡谷两侧险峰耸立，两侧的山头上均筑有炮台。大垒城的主炮台就修建在这里，主要用于控制平而河。小连城的西南面是平而关和镇南关，是敌人从南入侵的门户，在这个方向一带还修建有岗龙澳炮台、大垒城炮台等。小连城的西北方向是重要的水口关，在这个方向一带修建有镇口炮台、洞贵炮台和陇吴炮台。

在众多炮台中，为何偏偏选择小连城作为军事调度的提督行署？这是因为小连城所在的将山最高海拔仅有 300 余米，且距离县城较近，物资补充方便，可与县城形成犄角之势，是守卫县城的最好屏障。更重要的是，小连城周围是一个宽阔的河谷，小连城所在的位置正是将众多峰丛连接在一起的底座。建造者依据地势在山头修建炮台，山脊之间修筑城墙，将炮台连在一起。这种依峰丛而建的城防体系易守难攻，敌人很难从正面攀爬上来，且士兵可以利用地形优势居高临下进行打击。小连城紧挨水口河，山坡非常陡峭，坡度有七八十度，甚至是悬崖。因此，即使敌人坐船到这里，想从下往上攻击小连城也几

镇龙碉台

乎是不可能的。

　　小连城位于水口河与平而河交汇处。这两条河流均源于越南，是外敌进入我国的主要水路。将山及周围山岭恰好位于两条河交汇口附近，山上炮台装有大口径火炮，火力范围可有效覆盖两条河周围。这两个河谷范围广泛，来犯敌军是不是可以分散兵力从陆路进行攻击呢？不可以！因为一百多年前龙州边境全线处于崇山峻岭之中，一些地段甚至是悬崖峭壁、陡岭深谷，当时小连城周围山高林密、乱草丛生，连正常行走都很困难。外来侵犯者同样需要运送火炮弹药，而当时的官道很窄且很少，大部分只能靠水运。如此一来，山上士兵的打击范围会大大缩小，只要能守住水路和当时仅有的几条陆路，就可以有效地进行防御，具有"一镇锁三关"的作用。而且与小连城同时建立起来的诸多炮台和关卡绵延铺展在边境线上，一旦发生战事，这些关卡同样起到守卫作用。一旦小连城失守，敌人就可以沿江到达崇左，再由左江到达南宁，甚至可以直下广东。

小连城位置示意图

若前线溃退，小连城将成为扼守龙州水陆门户的最后一道屏障。

　　苏元春经过精巧布局，结合溶洞、水源、地形等地理因素，将提督行署建在小连城，充分体现了其因地制宜的聪明才智。正因为小连城及周围众多防御设施的建立，极大震慑了敌人，才守住了这处极为重要的边防要地。"蜿蜒步上九重天，回首山河数点烟。如今方识保元妙，几回梦魂到小连"，这是古人对小连城的赞誉。这座建于河谷中的要塞所发挥的作用和价值着实不容小觑。

互为犄角，火力覆盖强大的炮台布设

◆▶▶▶

　　大连城位于凭祥东北约 2 千米处，距镇南关约 20 千米，是镇南关通往龙州的中间点，处在广西边防东线与西线的会合位置，是清末广西边防第一指挥中心，建于 1887 年初。苏元春为了保卫大连城的安全，以大连城为中心，在方圆约 10 千米范围内的高山上修建了卫连前、中、后、左、右 5 座大炮台，统称卫连炮台。其中，西南面的唱梅山上建卫连前大炮台，西北部的孔明山上建卫连右大炮台，东南部的白云山上建卫连左大炮台，东北部的扣樟山上建卫连后大炮台，大连城北侧的叫弯山上建卫连中大炮台。这些炮台均配置当时先进的德国进口克虏伯大炮，其中卫连右、左、中、后大炮台配置十二生克虏伯大炮各 1 门，卫连前大炮台配备的是 1 门四十磅克虏伯子炮。这些炮台主要依托克虏伯大炮组成强有力的防御火力网，构筑起大连城外围的防御系统。经过大连城最主要的道路就是龙南大道（又称"龙南军路"），这条道路是 1887—1893 年苏元春主持拓修的。该大道南起镇南关，向北经关前隘、凭祥土州、大连城、后关、龙凭界、奥岗陇、鸭水滩、大垒城直至龙州，便于边防军务运输，也利于贸易往来。

　　考古人员综合实地考察的结果，并结合卫连炮台的炮位和火力射程，清晰绘制出卫连炮台的火力覆盖范围、远近配合与纵深防御的总体效果图。由图可见，卫连炮台的合理配置，形成了一道可有效保卫边防指挥中心大连城外围安全的火力网。

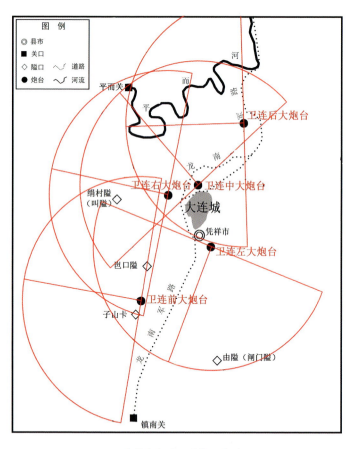

卫连炮台火力网防御示意图

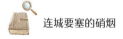

从火力覆盖范围看，保卫大连城的 5 座大炮台分布在大连城的四周：有的建在边境上，有的建在距离边境 10 多千米的高山上，有的建在河流旁，有的建在道路边。它们可依托克虏伯大炮的火力打击范围，形成一个个独立作战单位，也可以构筑起互为掎角且火力非常强大的交叉防御网。这个火力防御网东到上石镇以东一带，南到镇南关的金鸡山一线，西到境外近 10 千米，北到龙州的大里城等地，形成一个以大连城为中心、南北纵深约 34 千米、东西宽约 26 千米的"C"形火力防御网，火力覆盖面积达 800 平方千米，控制了大连城周围的主要关隘、道路、河流和山径等，构筑起大连城外围的主要防御力量，达到以点控面的纵深防御效果。

从火力方向看，5 座卫连大炮台中主要防御方向为西向或西北向的有 4 座炮台，分别是卫连前大炮台、卫连右大炮台、卫连后大炮台和卫连中大炮台，而主要防御方向为西南向的只有卫连左大炮台 1 座。从各大炮台形成的火力网来看，西面和西北面方向的火力网最为密集。从地理位置上来看，大连城的西面离边境线也最近。由此可以推断，卫连炮台的主要防御方向是西面的边境线，次要防御方向是火力相对较疏的东南、南、西南和西北几个方向，而面向我国内陆的东北方，并没有火力防御。

从与防控区外围炮台的配合看，卫连炮台位于镇南关至龙州的中部，龙南军路由西南向北从卫连炮台的防控区中间穿过，炮台防控区的西南面与镇隘炮台互为掎角、相互配合，构筑起从镇南关进入大连城的第二道纵深防线；防控区的西北面与镇关炮台（平而关平公岭）相互配合，构筑起从平而关进入大连城、龙州城的第一道防线；防控区的北面与卫龙炮台（龙州彬桥河边石垒城）互为犄角，共同构筑起从镇南关、平而关进入龙州城的最后一道纵深防线。另外，防控区中心区域还与大连城内的8座中炮台和7座碉台形成内外两道防线，守卫大连城的"内核"，真正实现"一台足顾数隘，层层联络"的防御构想。

卫连炮台位于广西边防的中心地带，除了西面为前线防御，另外多个方向均与其他各炮台群配合，构筑起由边境进入内陆的纵深防御，并从中起到联络纽带和主导中枢的作用。由此可见，这正是卫连炮台布局的关键和精妙所在。

◆ 卫连中大炮台

卫连中大炮台位于凭祥市凭祥镇连全村龙塘屯西南叫弯山的山顶上，当地称"叫弯山炮台"。炮台坐西北向东南，平面略呈"凹"字形，占地面积约2000平方米。卫连中大炮台分为3层：一层为兵房，二层为子药库，三层为炮位。一层为一间长方形的窑洞式兵房，位于"凹"字平面的凹槽内。兵房内原有阁楼，现墙体上残留有阁楼楞孔洞，在阁楼的东南面兵房大门上部开有券门，可通二层走廊；大门两侧设有条石台阶，可上二层走廊。二层走廊宽约1米，居中为兵房阁楼的券门，门额上阴刻有隶体"卫连中台"四字；券门两侧各开有长约3米的暗道，暗道向外一侧各建有1个子药库；走廊两侧尽头有条石台阶上炮台三层。三层为炮台顶部，沿外侧一圈有垛墙；中心为向上凸起的平台，平台分成东、西两半，西半部为方形平台，东半部凸起成倒扣的锅底形，东西之间的中心为下凹的圆形炮位。炮位的东侧设有一条弧形的掩体。据史料记载，这里曾安置十二生克虏伯大炮1门，如今炮已不存在。

卫连中大炮台

布局设计：匠心独运的防御体系

卫连中大炮台的石刻

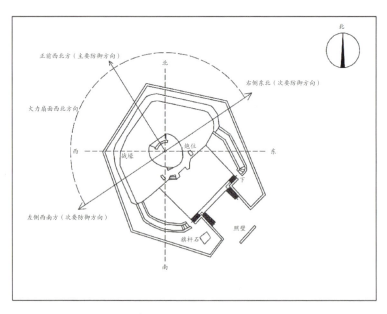

卫连中大炮台火力方向示意图

◆ 十二生克虏伯大炮的由来

克虏伯大炮作为近代世界史上知名度较高的一种武器，是由位于德国埃森的一家大型工业集团克虏伯（Krupp）公司生产的。十二生克虏伯大炮，是要塞炮的一种，"生"是直译"厘米"之意，"十二生"即 12 厘米（亦即 120 毫米），故也称这类炮为"120 毫米克虏伯大炮"。据文献记载，清代广西原有 120 毫米口径克虏伯大炮 20 门，分别安置在凭祥、龙州、宁明等中越边境的炮台上。这 20 门大炮由于历史原因而遭受严重破坏，辛亥革命爆发后出现军阀混战，被陆荣廷下令拆卸搬走；1958 年"大炼钢铁"时，许多大炮被熔铸销毁，致使大多数残缺不全或无踪影。现已知残存的大炮有 11 门，但残缺十分严重，没有一门是完整的。

保存相对较完整的只有以下 5 门：

1 门在凭祥市金鸡山镇北炮台，保存在原炮位上。

1 门在凭祥市金鸡山镇南炮台，保存在原炮位上。

1 门馆藏在中国人民革命军事博物馆。1958—1959 年，位于广西凭祥市友谊关金鸡山镇中炮台的克虏伯大炮被拆卸后运到中国人民革命军事博物馆展出。

1 门在南宁市人民公园内的镇宁炮台上摆放。辛亥革命爆发后，中国出现了军阀混战的局面。广西都督陆荣廷热衷于内争扩大地盘，把边防军撤退下山，将边境炮台上能移动的枪炮用品搬走。1917 年 9 月，身为两广巡阅使的陆荣廷下令从龙州县平公岭镇右大炮台上拆下这门克虏伯大炮，经水路运到南宁，安放在望仙坡坡顶的镇宁炮台上，用以镇守南宁。

克虏伯大炮

1门馆藏在广西壮族自治区博物馆。1957—1958年，广西征集革命文物展品时，从凭祥市卫连左大炮台（即白云山炮台）拆下这门克虏伯大炮，运到广西壮族自治区博物馆当时的馆址（今南宁市人民公园内），20世纪80年代迁至今址广西壮族自治区博物馆的民族文物苑，作为陈列展品展出。

从炮身的铭文来看，生产年度最早的是1890年，最晚的是1891年。广西壮族自治区博物馆民族文物苑的那门大炮，炮身上刻的重量为2375千克，若是整门大炮的重量则"每尊约万斤"，无疑是广西近代史上最巨型的一种钢炮。

19世纪60年代末，中国开始购买和使用克虏伯公司制造的大炮。在后来的近半个世纪里，清政府与克虏伯公司建立了广泛的联系。清末时期，新建的陆军、海军、边海防炮台和新式兵轮等，都以克虏伯炮为重要的武器装备。中法战争后，为防止法国背盟而强固边防，督办广西边防的广西提督苏元春在中越边境线上修筑了炮台、碉台等边防设施。苏元春刚开始修筑炮台时，"桂从无洋炮"。1889年，经张之洞和苏元春商量，为加强边防火力，主张购置克虏伯大炮。同年秋，张之洞专折奏请购买洋炮20门；不久之后，清政府批准了18万两白银购买克虏伯大炮的费用。随后张之洞委托驻法公使向克虏伯公司订购了20门120毫米口径的克虏伯大炮。

1890年，广西定购的克虏伯大炮陆续分批从德国埃森港出发，经海运至我国广州，再从广州经西江、浔江、郁江、邕江、左江分别到达龙州、平而关和鸭水滩等码头后上岸。这20门120毫米口径的克虏伯大炮，原计划分别安装在沿边重要关隘的炮台上，但由于火炮过重而无法运抵东路、西路偏远的炮台，因此只好就近安置在凭祥、龙州、宁明等地的炮台上。

◆ 克虏伯大炮的作用

中越边界的广西段全长1000多里，沿线地形复杂，多为崇山峻岭，是一条险峻且难以防守的边境线。《中法新约》的签订，使越南沦为法国"保护国"，中国边防的对象也不再是活动在边境地区的"游戎伏莽"，而是要在亚洲建立"东方法兰西帝国"的殖民者。法国殖民者侵占越南后，整天虎视眈眈，企图利用越南这块殖民地作为跳板入侵中国。他们在中越边境地区修铁路公路，筑炮台、堡垒，建兵站、兵屯，布置重兵，通过各种方式向中国渗透，不断制造事端，甚至明目张胆地入侵我国，已经做好随时入侵我国、控制广西的准备。面对来势汹汹的法国殖民者，我方高度警惕，立即在边境上筑炮台、置大炮，建起连城要塞，目的就是"固防御敌"，保护我方边境重要的关隘、圩集及村庄，控制越南北部通往中国广西边境的要道、水路及小径，制衡越南边境的法军兵营、炮台，从战略上威慑强占越南的法军，以形成对峙的形势，在武力平衡的基础上求得边境的平静与安宁。

广西购置了这批精良的120毫米克虏伯大炮后，布防在祖国的南疆边境上，武装了中越边境线上的重点炮台，守卫边防关隘，在"固防御敌，守边保国"方面显示出巨大的威力。比如，边境的民众有传，说炮台建成后我方曾邀请驻守在对面的法军军官来参观。当法军军官见到我方炮台上所有的大炮炮口都对准他们驻军的兵营和通往我国的关隘时，瞬时脸色大白，回去后立即命部队后撤，一直撤退到我方大炮打不到的地方。事实上，炮台建好后，法国侵略军曾多次挑衅，甚至出兵入侵，都被我方守卫的将士击退。据友谊关金鸡山镇北炮台大门旁摩崖石刻《镇南关北炮台碑记》记载："光绪癸甲之交，越南入寇。至乙酉春，逼犯边关，势张甚，朝命今少保苏帅平之……是役也，饶君承苏帅指麾，精心运力，聿观厥成，与中、南两台岿然鼎峙，拱北极而钥北门，功亦伟矣！"总之，克虏伯大炮的威慑作用十分明显。自建置炮台后，尽管法军于1898—1899年以兵力强占强租广州湾，而盘踞在中越边境线上的法军却不敢轻举妄动进犯广西，有效地遏制了法军进犯中国的侵略野心，保证了广西边境地区半个多世纪没有重大的战事发生，为清末边关的和平与安宁发挥了极其重要的作用。

◆ 克虏伯大炮的发射操作

操作克虏伯大炮最少需要 5 个人。其中，负责大炮指挥、瞄准和发射的炮目 1 人；负责运送火炮弹药的送弹手 1 人；负责装填弹药的装弹手 1 人；负责操作高低机，调整炮身俯仰角度以控制火炮射程的高低手 1 人；负责操作转动机构，使火炮沿轨道左右转动以控制火炮发射方向的转动手 1 人。

克虏伯大炮的发射操作大致可分为装弹药、瞄准、发射 3 个阶段。

第一阶段，装弹药。首先转动位于上炮架左侧或右侧的高低机，将炮尾抬起，高度以炮栓高出上炮架为准。用手柄旋转炮栓往左侧打开炮栓，将弹头和药包从炮尾用推送棒装入炮膛内的膛线前。然后旋转手柄关闭炮栓，将门药针从炮栓尾的小孔插进炮膛内的药包里。接着拔出门药针，插入用以引燃药包的门药管（鹅毛管），并用钩绳钩上门药管尾部的拉绳。这样，开炮前的装弹药工作就完成了。

第二阶段，瞄准。分 3 步完成：第一步，旋转高低机抬高炮口，调整火炮的射程；第二步，转动方向机构，使机构上的齿轮沿炮轨后的转动链爬动，带动火炮上的炮轮沿炮轨转动，以调整火炮的发射方向；第三步，用高低机和方向机构互相配合，用炮身上的瞄准装置瞄准目标。

第三阶段，发射。瞄准好目标后，炮手躲在防危板后用力拉动钩绳。钩绳带动门药管上的拉绳，拉燃门药管，点燃炮膛内的火药包。火药包燃烧爆炸后推动弹头向炮口移动，弹头沿炮管的膛线旋转并发射出炮口。爆炸产生的推力在使弹头发射出去的同时，也产生巨大的后坐力，后坐力推动火炮的上炮架，与炮身一起沿下炮架的阻退斜坡往后"爬坡"。上炮架前的驻退机限制炮架"爬坡"的距离，"爬坡"停止后驻退机可拉动上炮架回到原位上，以便进行下一发炮弹的发射。

从大炮使用的全过程来看，其操作技术比较先进，正如《镇南关北炮台碑记》中说的，"运掉灵活，左右旋转如意，皆机轮为之"。克虏伯大炮无疑是当时机械程度较高的一种火炮。

历史变迁：
从烽火硝烟
到和平繁荣的蜕变

　　时光荏苒，今天的连城要塞已华丽转身，从曾经的烽火硝烟蜕变为如今的和平繁荣。当年的边防设施已成为吸引游客的美景胜地，如友谊关、白玉洞、小连城等景区以其独特的自然景观与人文景观，成了游客流连忘返的地方。曾经层层设防的镇南关、水口关和龙邦隘已发展成了繁忙的通商口岸。这些口岸的繁荣景象不仅体现了经济的活力，也展示了和平环境下区域合作的成果。连城要塞的蜕变，不仅仅是地理环境的变化，更是时代变迁的缩影，它已从战争的防御工事转变为促进地区繁荣发展的桥梁和旅游胜地。

要塞风光迷人眼，美景醉游人

◆▸◂◂

经过百年的沧桑岁月，连城要塞的城墙和炮座、炮台塌落甚多，大小炮大部分散失，部分保留较好的炮台和遗址，经过修缮和开发现在已变成旅游景区，如友谊关景区、大连城景区、小连城景区、平岗岭地下长城景区等。这些在边境线上踞险而建、雄伟壮观而又各具特色的军事设施遗址，与祖国南疆秀美的山川交相辉映，共同构成了一幅壮丽的画卷。昔日的边关古塞，如今已成为后人察今知古、探古寻幽的好去处。

◆ 友谊关景区的自然风光与人文景观

友谊关位于广西崇左市凭祥市西南部，距离凭祥市区 15 千米，距离广西首府南宁市约 220 千米，距离越南首都河内 180 千米。这里不仅是中越边境的重要陆路口岸，还是一处承载着丰富历史文化的国家 AAAA 级旅游景区，这里拥有独特的边关风情和壮丽的自然景观，近年来成为游客探索中越边境风光的绝佳去处。

友谊关景区大门

　　友谊关景区地处中越边境，四周群山环抱，地势险峻，孕育了丰富多彩的旅游资源。景区周边的山林与植被极为丰富，森林覆盖率在 85% 以上，丰富珍奇的各种自然植物遍布山谷。游客在游览过程中可以欣赏到各种珍稀植物和野生动物，感受大自然的神奇与魅力。同时，这里空气清新宜人，富含负氧离子，是一个天然的氧吧，有助于游客放松身心、缓解疲劳。友谊关景区不仅自然风光旖旎，人文景观也同样丰富多彩。这里有着深厚的历史文化底蕴和独特的边关风情，吸引着无数游客前来探访。

　　走进景区，首先看到的是友谊关历史长廊。这里展示了友谊关的悠久历史和重要地位，图文并茂，可以让游客快速了解友谊关的历史状况。

　　在景区里，有一座风格与周边中式建筑格格不入的小黄楼。此楼又称为"法式楼"，建于1914年，由法国工程师设计。来到这里，你可以感受一下法式建筑的独特魅力。其由来是在镇南关大捷后，沦为法国殖民地的越南掀起了大规模的抗法斗争，同时还威胁到了当时清政府对广西的统治。因此，清政府为了压制边境反清活动，于1896年与法国签订了《中越边界会巡章程》。对汛的主要职能是巡查国界、管理界碑、签验单照、处理双方边民的纠纷、维护边境治安及出入境秩序。中法双方根据章程设立对等的汛署，中方在龙州县设"广西全边对汛督办

法式楼

署"，法方在谅山和高平设对汛督办署，双方还在桂越边境线上各设9个分署。友谊关关楼前的这座法式建筑便由此而来，名为"镇南关对汛分署"，专门用于管理当时边境的外交事务和治安维护。小黄楼是中法文化交流的重要历史见证，它虽由法国设计师设计，但还是在法式建筑的浪漫气息中融入了中式建筑的古朴气息。

友谊关关楼是友谊关景区的标志性建筑之一，也是景区的核心景点之一。友谊关是中国古代九大名关之一，也是九大名关中唯一一个至今仍具有通关功能的关口。关楼始建于汉朝，原名雍鸡关，又名大南关、界首关。明洪武元年（1368年）改名鸡陵关，永乐五年（1407年）更名镇夷关，宣德三年（1428年）改名镇南关。1953年更名为睦南关，1965年经国务院批准，为纪念中越两国人民的友好情谊，正式命名为"友谊

友谊关（正面）

关"。关楼曾两次毁于战火，三度重修。现在的关楼为1957年重建。关楼拱门上方的汉白玉刻着"友谊关"三个大字，由时任国务院副总理兼外交部长的陈毅元帅亲笔题写，字迹苍劲有力，寓意深远。关楼两侧高山耸立，地势险峻，加之古关城巨大的城墙绵延至山上，使整座关楼显得气势宏伟，巍峨壮观。

登上友谊关关楼，环顾四周，可以感受到这里的地势险要。关楼的左边叫左辅山，右边叫右辅山，犹如巨蟒分联两山之麓，气势磅礴。周围全部都是崇山峻岭，只有中间有一条狭窄的通道。可以说，关楼所在的位置有种"一夫当关，万夫莫开"的气势。整座关楼由底座和回廊式楼阁两部分组成，共分4层，内设友谊关历史陈列馆、中越首脑会谈陈列馆、中国九大名关陈列馆等，展示了友谊关从烽火硝烟到和平安宁的历史转变。二层主厅展示的是清代将领冯子材痛击法国侵略者，带领清军英勇杀敌，取得镇南关大捷的历史。三层主厅正中，展示的是胡志明和周恩来总理友好会谈的场景，见证中越友谊的发展历史。

沿着友谊关关楼左侧的台阶而上，就能看到古城墙。古城墙始建于明永乐年间，已有600多年历史，为单边直立式城垛，内侧为青砖步阶。台阶非常陡，由一大块一大块的石头堆砌起来。沿着古城墙往上走，会让人有一种穿梭在历史时空的感觉，感受到古代军事防御设施的威严与壮观。古城墙高大坚固，箭楼、城门等设施一应俱全，仿佛把人带回那个战火纷飞的年代。

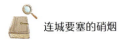
连城要塞的硝烟

友谊关的古城墙及古道

在左辅山上的一处观景台，陈列着一组栩栩如生的雕塑，描述的是清末抗法名将冯子材带棺出征的故事。中法战争中，他临危受命。出征前，冯子材抱着视死如归的决心，带着两个儿子一起做好了战死沙场的准备。他身先士卒，采用灵活的战术，最后在镇南关大败法国侵略者，取得震惊中外的镇南关大捷。

继续往上走，就到了左辅山镇关炮台。炮台上是个小的观景平台，登高望远，可以看到国门之外越南那边的道路设施和建筑。主炮台的内部结构为"中"字形，券拱顶，设东、西、南、北四个门，其中南门额上匾刻"镇关炮台"四字。炮台的顶部为主炮位，下方为屯兵室与弹药库。整个炮台呈四面环形，

冯子材抗法雕塑

四通八达，形成严密的防守体系。炮台上摆放着一尊分截开花大炮，炮的底座有个轨道，可以转换射击方向。主炮台的下方修有战壕，战壕里还有数尊小炮，炮口瞄准越南的方向。由此可见，当时这个炮台的火力设计是非常周密的。站在炮台之上，能远眺中越两国的山川地貌和边境风光，感受友谊关那跨越时空的厚重与沧桑。

左辅山镇关炮台

左辅山镇关炮台建筑

左辅山镇关炮台大炮

左辅山镇关炮台小炮

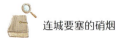 连城要塞的硝烟

左辅山雉堞

在关楼右侧的右辅山（也称金鸡山）上修有 3 座炮台，其中的镇中、镇南炮台处在军事禁区，有驻军守卫，不得参观，只有镇北炮台可以参观。镇北炮台上，当年屯兵的地道式通道还在。出了地道，便是金鸡山的悬崖边缘，一门德国产克虏伯大炮昂首挺立在那里。在当时，这种大炮堪称"炮王"，口径达 120 毫米，射程达 25 千米。这种大炮清政府从德国分批购置了不少，安置在沿海或边境最重要的军事驻地。当时修建金鸡山炮台所用的青砖、石块全靠人力运输，仅将大炮从山底运至山顶就花费 9 个月时间，整个工程延续 10 年之久。

金鸡山镇北炮台炮位

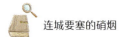连城要塞的硝烟

金鸡山镇北炮台前院全景

镇北炮台克虏伯大炮

　　友谊关发生过很多重要的历史事件，除了镇南关大捷，镇南关起义也发生在这里。辛亥革命前夕，孙中山在中越边境领导武装起义。在起义军占领了镇南关后，他亲临镇北炮台指挥战斗，并亲自开炮，后慨然道："余自乙未广州失败以来，历十有四年，至是始得履故国之土地，与革命将士宣力行阵间"，"反对清政府二十余年，此日始得亲发炮击清军耳"。孙中山领导的镇南关起义虽然失败了，但点燃了倾覆清王朝的火把，沉重打击了腐朽、没落的清政府，使反清革命斗争很快形成燎原之势，最终使清王朝分崩离析。1949年10月1日，中华人民共和国成立。在举国欢庆之时，广西仍未解放。当年10月，国民党白崇禧集团17万余人从华中败退广西，企图纠集地方武装以及粤、云、贵、川等地的国民党军或残部负隅顽抗。11月7日，中国人民解放军集中二、四野战军的45万兵力，从湖南、广东、贵州三省分西、南、中三路向广西进发，广西战役打响。12月11日，南下大军一举解放凭祥县（今凭祥市）。当胜利的旗帜插上镇南关城楼，标志着广西全境解放。从1978年起，广西壮族自治区成立纪念日被确定为每年的12月11日。

友谊关见证了中越两国的历史风云和友好交往，也承载着两国人民的友谊与希望。如今，随着时代的变迁和发展，友谊关依然屹立在祖国的南疆，守护着中越两国的和平与繁荣。未来，友谊关将继续发挥重要的作用，见证中越两国人民之间的友谊与合作不断向前发展。

1949年12月11日解放军将五星红旗插上镇南关

❖ 大连城景区的白玉洞美景

大连城景区位于凭祥市北面约 1.5 公里处，这里风光旖旎，洞奇石秀。1885 年，抗法名将苏元春将提督府从柳州迁到龙州，为便于指挥、调动军队，他在大连城内修建了规模宏大的建筑群，包括演武厅、大行宫、提督行署、兵房、练兵场、戏台以及商号店铺等。此城四面环山，为确保军事指挥中心安全，苏元春依山势修筑城墙、炮台，将周围山峰连成一体，并在山头之上设置了八座大炮，犹如连起来的环形长城，故称为大连城。在大连城前闸山顶悬崖上，有石刻"连城天险" 4 个大字。苏

"连城天险"石刻

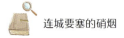
连城要塞的硝烟

元春曾写过一首诗赞美大连城："群山聚秀辟连城，此处潜藏百万兵，备械储粮根本固，从来险要自天成。"这首诗既赞美了大连城的绚丽风光，同时又说明了它是一个巍峨险峻的军事要塞。经过苏元春近20年的营造，大连城成了清末广西边防线上一处规模宏大、布局严谨、工事坚固、军民合居的政治军事中心。

白玉洞是清末广西全边军事指挥中心旧址之一，是大连城提督行署所在地，位于大连城内东面玉洞山半山腰处，距凭祥市区仅1.5千米。在凭祥八景之中，白玉洞名列榜首，是一处集自然景观、历史文化和军事遗迹于一体的旅游胜地。

大连城景区白玉洞

洞内钟乳石剔透玲珑，洁白如玉，故得"玉洞"美名。清末名将苏元春考察此地后，将其改造成军事指挥中心。白玉洞可分为三层洞天，分别为"第一洞天""第二洞天""第三洞天"。洞中有洞、洞外有洞，每层洞天之间有通道相通。白玉洞是一处天然山洞，可容纳数千人。苏元春开发此处作为"养心处"和军机要地。洞内奇岩参差，怪石云生，大自然的鬼斧神工加以人工巧设，构成了一处瑰丽胜景，是凭祥的一大奇观。

白玉洞位于玉洞山的半山腰，拾级而上，几分钟便可上到洞口。"洞中洞见洞中洞，天外天成天外天"，山门牌坊上的这副对联，对白玉洞做了总的评赞，也概括了它的独特风貌。

白玉洞门楼对联

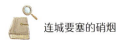

第一洞天位置最低，洞口额题"荫分北极"四个大字。洞厅宽阔，是苏元春召开军事会议的场所。洞壁上塑有雷公、电母、金刚等神像，存有"玉洞天然""天地间寿"和苏元春所题"情游于物外"等石刻。

洞口处题有"荫分北极"四个字

第二洞天洞口刻有"玉洞"二字，里边非常宽阔，是钟乳石最丰富的一层，千姿百态的钟乳石在灯光的映照下显得更加壮丽，仿佛是一座天然的艺术殿堂。

第二洞天由一条通道分为内外两洞穴。洞内怪石嶙峋，钟乳遍布，岩液滴浆，积久凝成倒花莲瓣、瑶台珠幔、泻瀑流泉及人立兽伏等形状，千姿百态，令人目不暇接。第二洞天极深广，宽阔处可藏兵千人。洞外的石刻很多，如"福""禄""寿""又一蓬莱""仙骨佛心"等，都是苏元春的手笔。

白玉洞第二洞天洞口

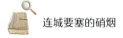

第二洞天洞外石刻

　　第二洞天洞口呈半月形，月圆之夜，光线便从半月形的洞口直射而下，犹如半轮弯月在茫茫月海中，景色非常幽美。苏元春看到这一景便有感而发，吟出一佳句"明月与天分一半"，并命人刻在洞壁上。后来，这句诗竟成了他"叛君谋反、妄图与天子平分一半江山"的"罪证"。

白玉洞内部

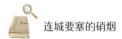

钟乳石在灯光照射下显得绚丽多彩。洞中有一处别样的景致，即位于洞中央的一个莲花台，原是一个水池，苏元春将其改造后围了起来，代表着极乐世界的七宝池。

莲花台

沿着小路向上走，就来到了第三洞天。从这里居高临下，俯瞰四周，就像是云雾缭绕的仙境一样，所以第三洞天又称"云阁""蓬莱境"。第三洞天的上层有一间房间，是苏元春当年居住的卧室和处理军务的地方，名叫"养心处"。这里冬暖夏凉，苏元春常在这里避暑消夏。养心处外面的天然钟乳石柱上，仍可清晰看到彩绘的龙盘凤舞图，精美绝伦。

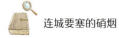

第三洞天

第三洞天洞内景观

洞壁上的题书《明月与天分一半》

龙盘凤舞图

　　苏元春信奉易经学说，为了庇佑大连城的安全，专门选定了最佳的位置，并根据易经的乾、兑、离、震、巽、坎、艮、坤八个卦象设计修建了八卦亭。八卦亭位于白玉洞外，沿着石阶往上走100米左右。亭子虽然不大，但是在亭内的上方绘制有各种精美的图案，有老虎、凤凰等动物图案，栩栩如生。

八卦亭顶部图案

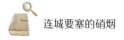

八卦亭

八卦亭俯瞰图

　　白玉洞既是一处风光旖旎的自然景观，又是大连城历史变迁的见证者。昔日的边关古塞，如今成了广西边境别具特色的边关风情，为后人提供了探古寻幽的好去处。她给人的印象是奇峰"聚秀"而自成一体，"与世隔绝"而风光旖旎，令人心旷神怡，流连忘返。

◆ 小连城景区保元宫的建筑文化

小连城景区又名将山炮台，位于广西龙州县彬桥乡，距龙州县城仅 5 千米，最高海拔 310 米，占地约 1.4 平方千米。1886 年，为抵御法国军队入侵，广西提督苏元春在此修建了小连城，作为中越千里边防线上的指挥中枢兼提督署。

东南面山腰有一个"龙元洞"，是个天然的岩洞。苏元春将其修建为"保元宫"。龙元洞分上下两层，更有路直通山下和向上 100 多米高的上洞口。这里建有"龙元洞""保元宫"两座牌楼，"玉阙""天阙"两座雕龙刻凤的大牌坊，并且设有随驾处、经堂、神龛、金阶、宝座、照壁绘画（九龙山水壁画及鲤鱼跳龙门）等建筑，以及诗词歌赋、褒词吉句等几十幅摩崖题刻，还有一座砖木结构的二层楼房。这些建筑规模雄伟庞大，工艺精致，具有很高的艺术价值和历史价值。保元宫建成后，苏元春常在这里聚将谈兵，作为镇边居停的"洞天福地"。

小连城景区入口

保元宫门楼

　　登上龙州城西郊的将山，但见层云密布，山雾缭绕、细雨纷扬，炊烟袅袅。一座座峰峦似长龙状蜿蜒向南伸去，山峦上隐约可见的古堡、古墙、古战壕相连到天边，成为一排神秘莫测的云影。这便是绵延数十里而又相连一体的南疆边陲古炮台群，名曰"小连城"。炮台"居高临下，射界广远，千里一线，火力如网"。朝山上走去，有三段石阶。石阶很陡，一眼望不到边，据说有近千级。山上悬崖峭壁，怪石峥嵘，古藤缠绕，老树伸枝。拾级而上，过了惜字塔，一座朱色牌坊蓦然显现，门额镌有"龙元洞"三字。穿过龙元洞门楼，一道五彩门楼横在面前，门楼上有一副对联，上联是"江城如画，俯视交州，岩岫有灵严锁钥"，下联是"楼阁环云，上通帝阙，神仙应喜此蓬莱"，横批"敬神如神在"，横批上部竖三字"保元宫"。

小连城美景

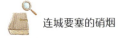

保元宫议事大厅

　　走进保元宫，里面是一个平坦的天然大溶洞，钟乳石遍布其中。洞厅高大宽敞，可纳数千人，洞内上阁下厅，是苏元春聚将谈兵、运筹帷幄的主要场所。洞中有洞，洞上有洞，洞又通天。宫中石阶四达，朱门重重，题刻处处。

　　从保元宫出来，沿着石阶往上还可以游览卫龙炮台和镇龙

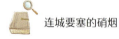

炮台。镇龙炮台位于小连城将山的主峰上，采用料石、片石和
石灰砂浆垒砌而成。炮台分上下两层，一层有兵房、子库、药
局、射击口和天井，二层是炮位。一层的兵房为南、北各1间，
窑洞式结构，2间兵房的大小、样式和方向基本相同，门额上
阴刻"兵房"二字；天井设在炮台中心向西一侧，南、北各1

个，相交处有过道相连。天井向西一侧开有 1 个射击口，向东一侧设有楼梯上炮台二层。二层四周边缘设有城垛，中心布置有圆形炮位，炮位上的圆环形挡墙约高 2 米。该炮台护卫龙州城，防御平而关、水口关一带的水路和陆路。

除了卫龙炮台和镇龙炮台，将山周围的山上均布设了炮台和碉台。炮台间有城墙相连环护，举目望去，但见炮台林立，

小连城镇龙台

炮眼森然，整个炮台群绵延十数里，像铜墙铁壁一般守护着小连城。小连城是当时广西沿边地区的又一座军事要塞，令法国侵略者不敢越雷池半步。

作为集自然景观、历史文化、建筑艺术于一体的特色景区，小连城保元宫建筑文化底蕴之丰厚，令人叹为观止。保元宫建筑特色浓厚，主要体现在依山就势、巧借天工的布局及精湛的

镇龙炮台

连城要塞的硝烟

建筑工艺上。这种建筑思想一直贯穿在保元宫的建筑设计之中，形成了保元宫独特的建筑风格。

一是依山就势，自然融合：保元宫将人工建筑与自然景观完美地融合在一起，巧妙地利用了溶洞的自然形态来建造。洞内上阁下厅，既体现古代匠人的智慧和技艺，又彰显人与自然和谐相处，是一座融自然与人文于一体的美学建筑。

卫龙炮台

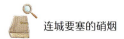连城要塞的硝烟

二是工艺精湛，气势恢宏：洞中建筑雕龙画凤、彩绘山水花鸟，文人骚客的文书字刻在洞中随处可见。宫室殿堂富丽堂皇，俨然一座金碧辉煌的山寨式"皇家宫殿"。时至今日，洞中朱墙，金阶虽已失色，但森严的"天阙""帝座"依然豪气逼人。在保元宫内，建造了太乙门、报恩亭等亭台楼阁，以及"天阙""玉阙""九龙壁""麒麟壁""九龙毯""演武台"等建筑。特别是九龙壁，其刻画细致入微，为当时除故宫外中国独有，令人叹为观止。整个保元宫规模宏大，造型精巧，既有宏伟的宫殿式建筑，又有精致的园林小品，形成了一种独特的建筑风格和景观效果。

保元宫内石刻

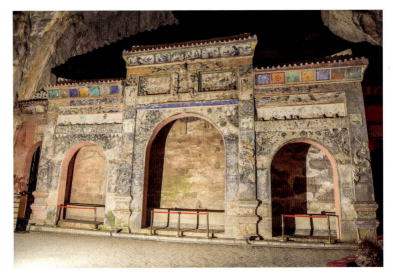

保元宫内的"玉阙"牌坊

保元宫内的"天阙"牌坊

小连城九龙壁

保元宫不仅展示了近代建筑工人的精湛技艺，也体现了当时社会的审美追求。这些建筑不仅具有艺术价值，也是中国古代建筑工艺的精品。

通商口岸繁忙状，经贸促开放

◆▶▶◆

　　越南与中国广西、云南接壤，中越两国民间往来不断，边境贸易关系日益密切。广西已开放的国家级陆地边境口岸有东兴、峒中、爱店、友谊关、凭祥、水口、龙邦、平孟。随着交通运输业的发展，口岸作为交通运输网络枢纽和贸易交往的门户，在发展国内外贸易、促进国际友好往来、沟通地区间物资交流、方便人们旅行等方面发挥着重要作用。近年来，广西深入推动口岸高水平开放高质量发展，打造成为我国与东盟双向联通的大门户，服务国内国际双循环的大枢纽，服务中国—东盟供应链产业链的大通道。

◆ 凭祥友谊关口岸的繁荣景象

　　凭祥友谊关口岸作为中越边境的重要交通枢纽，近年来呈现出前所未有的繁荣景象，成为中越经贸往来紧密的真实写照。

　　一是贸易数据彰显繁荣。海关总署发布的数据显示，中国对越南的进出口总额在 2024 年前 7 个月达到 1.03 万亿元，同

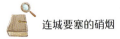

比增长 24.1%。其中，出口 6478 亿元，增长 25.5%；进口 3829亿元，增长 21.7%。这一组组数据的背后，是凭祥友谊关口岸繁忙而高效的日日夜夜。友谊关口岸作为广西最大的陆路口岸之一，对中越两国的贸易往来有着不可估量的促进作用。南宁海关统计数据显示，2024 年 1—7 月，广西经友谊关口岸进出境货物 295.5 万吨，同比增长 37.2%；对越贸易额达 2128.5 亿元，同比增长 28%。这些数字既体现了中越两国贸易的迅猛增长，也显示出友谊关口岸在促进两国经贸合作中所起到的举足轻重的作用。

二是货物通关高效顺畅。在友谊关口岸的海关查验平台上，满载着进口水果和出口机电产品的跨境车辆络绎不绝，一片繁忙景象。近几年来，友谊关口岸的货物通关效率得到了明显提高，这是随着智慧口岸建设的不断推进而产生的结果。智慧口岸系统能够自动识别查验车位的空闲状态，并自动通知车辆进场排队，大大缩短了货物的等待时间，车位周转率提高了 35%以上。如此高效顺畅的通关环境，不仅为进出口企业带来了极大的便利，也促进了贸易规模的持续扩大。

三是商品种类丰富多样。从友谊关口岸流通的商品日趋丰富起来，既有水果和农产品等传统商品，也有如锂电池及手机配件等工业品。这些商品既满足了市场的需求，又为双方产业链的深度融合添砖加瓦。特别是机电产品企业依托口岸的高效便捷的通关环境，在业务增长和贸易规模不断扩大的同时，能够及时保证境外工厂进行生产，为企业争取到了宝贵的时间和市场机会，因此也增强了企业的竞争力。

货车进出友谊关口岸

四是基础设施建设不断完善。为使友谊关口岸的通关能力得到进一步的提升，各级政府下大力气对口岸的基础设施进行升级改造。特别是近几年以来，友谊关口岸不断加大对查验平台资源的投入力度，并改善从仓储到道路交通等各方面的配套条件，有效保证了货物的顺利通关。另外，作为一座以信息化为基础的智慧口岸，友谊关口岸也积极运用现代信息技术来提高通关效率和监管水平。综合来看，这些基础设施的不断完善为友谊关口岸的繁荣发展提供了有力支撑。

五是文化交流日益频繁。中越关系除了经贸往来，还包括文化交流。近年来，中越双方的文化交流活动日益频繁，经常可以在口岸周边地区看到各种文化节庆祝活动，如中越两国共同举办的艺术展览等。这些文化交流活动在增进两国人民了解和友谊的同时，也促进了友谊关口岸附近地区的经济繁荣。

随着中越关系的日益紧密，凭祥友谊关口岸仍将保持繁荣发展的良好态势，这是中越两国经贸合作不断加深和沿边开放发展不断深入的必然结果。友谊关口岸的贸易规模和通关效率也将持续扩大。同时，友谊关口岸还将加快与国际接轨的步伐，促进通关便利化和贸易自由化进程不断向前发展，成为中越经贸合作的重要窗口和桥梁，为中越两国人民带来更多的福祉和机遇。

◆ 龙州水口口岸的经贸往来

龙州水口口岸是国家一类口岸，位于广西龙州县西端水口镇与越南交界的边境线上，与越南驮隆口岸仅一河之隔，与越南高平省的省会高平市距离仅 70 千米，距崇左市中心 102 千米，具有优越的地理区位优势。龙州县自古为边防重镇，素有"一镇锁三关"的说法，水口关就是"三关"之一。水口口岸地处喀斯特地貌区，拥有优美的自然风光，群山逶迤起伏，河水清澈，碧波荡漾，河岸草木茂盛，绿意盈盈。它不仅是中越边境的重要陆路口岸，也是中国企业进入东南亚国家的重要通道，其经贸往来在近年来展现出蓬勃的生机与活力。

水口关在清乾隆五十七年（1792 年）就开始对外开放，是广西最早与越南进行民间贸易的关口。尽管在 1979 年因中越关系紧张而一度关闭，但自 1993 年 12 月 1 日恢复开通以后，水口口岸再次成为中越双方人员进出的重要通道和广西对外口岸经济贸易的关口。

一是贸易规模持续增长。近年来，龙州水口口岸的经贸往来规模持续扩大。数据显示，龙州县外贸进出口总额在 2024 年上半年势头正劲，其中水口口岸作为重要的贸易通道，贡献了重要力量。随着中越两国经贸合作的不断加深，水口口岸的进出口贸易量稳步增长，为龙州县乃至广西的经济发展注入了新的动力。

二是商品种类丰富多样。水口口岸所流通的商品种类日趋多元化，除传统意义上的初级农产品之外，还包括很多专业领域的商品，如机电产品、化工产品、矿产品等。口岸商品的多元化，既满足了市场需求，又促进了双方产业链的深度融合。特别是随着共建"一带一路"的推进和中国—东盟自由贸易区的建设，通过水口口岸开展跨境贸易的企业日益增多，为水口的经济发展起到了推动作用。水口口岸也因此成为一个具有国际影响力的国际贸易大通道。

三是通关效率显著提升。为改善水口口岸的运行效率及服务质量，龙州县及口岸管理部门采取了多项行之有效的办法，优化了水口口岸通关流程，放宽了对入境车辆数量限制的要求，还建设强化了一批基础设施等。这些努力使水口口岸的通关效率较以往有了明显的提高，为进出口企业提供了更加方便快捷的通关服务。水口口岸扩大开放二桥通道后，日通关能力从以前的 200 柜 / 天提高到了 1500 柜 / 天，对于缓解通关压力、提高贸易量起到了很好的促进作用。据统计，2024 年 1—6 月，水口口岸（互市区）通关车辆 1.62 万辆次，同比增长 26.86%，其中重车 0.72 万辆次，同比增长 27.78%，日均通关重车 58 辆次，日通关重车最高达到 144 辆次。

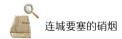

四是经贸合作与未来发展。龙州县抢抓发展机遇，主动融入区域合作平台，如广西自由贸易试验区崇左片区、凭祥重点开发开放试验区等区域合作平台，不断拓展与越南等邻国的合作领域和深度，加强与东盟各国的经贸合作和人文交流。同时，龙州县还积极承接产业梯度转移，促进产业转型升级，与粤港澳大湾区、长江经济带等优质区域共同发展。

龙州县加快推进港口经济转型升级，以进一步增强港口经济的竞争力和可持续发展能力。龙州县通过优化贸易产业结构、提升外贸进出口规模、加大口岸基础设施建设力度等举措，不断增强口岸发展承载力和互市（点）区发展承载力。同时，龙州县还以农副产品等为核心，着力发展互市贸易进口商品落地加工业，促进边境加工聚集区的形成，为当地经济发展注入新活力。

随着中越两国经贸合作的不断加深和沿边开放发展的深入推进，水口口岸将继续保持繁荣发展的良好态势，贸易规模将持续扩大，通关效率将进一步提高。同时，龙州县还将继续加强与东盟各国的合作与交流，促进形成更高水平的开放型经济新体系，为中越两国的人民群众带来更多的福祉与机遇，成为今后中越经贸合作与沟通的重要窗口和桥梁。

◆ 靖西龙邦口岸的贸易发展

靖西龙邦口岸作为广西三大重点口岸之一，于 2023 年 12 月 28 日正式升格为国际性口岸，成为我国大西南连接越南通往东盟最便捷的陆路大通道。

龙邦口岸位于靖西市城南部中越边境94号界碑北侧约30米处，与越南高平省茶岭县的雄国口岸相对应。龙邦口岸的地理位置优越，交通便利，形成了以高速公路和二级公路为主干的公路交通网络，为贸易发展提供了坚实的基础。

　　靖西市的贸易规模在过去几年中不断加大，其外贸进出口总额在龙邦口岸的拉动下实现快速的增长。特别是自口岸升格为国际性口岸以来，靖西市贸易量有了明显的提高。2023年，靖西市外贸进出口总额完成202.76亿元，较2013年的60.62亿元增长2倍多，这充分展示了龙邦口岸对地方经济发展所起的重要作用。

　　龙邦口岸所经营的商品种类繁多，涉及多个领域，形成多元化的贸易结构。目前已引进众多落地加工企业和跨境电商企业，一方面满足了市场需求，另一方面促进了中越双方产业链的深度融合。

　　第一，贸易便利化与通关效率高。龙邦口岸采取一系列有效措施，提升贸易便利化和通关效率。一是口岸设有海关、检验检疫、边检等口岸查验部门，对进出境货物、人员、车辆等实施监管和检查，确保贸易活动的合法、安全。二是龙邦口岸利用5G、人工智能、边缘计算等先进技术，积极推动智慧口岸建设，实现口岸业务信息化、智能化。这些技术的运用，在提高通关效率的同时，也使企业在通关、物流等方面的成本有所降低。如龙邦智慧口岸建设完成后，与之前的制卡通关方式相比，单柜货物通关时间缩短到10分钟，吸引了大批企业在附近投资建厂。

龙邦口岸

　　第二，贸易合作与平台建设。为促进与东盟各国的经贸合作，龙邦口岸积极搭建贸易合作平台，现已建成龙邦国际商贸物流中心产业园、互市贸易区、通商贸易区、跨境电商区等功能区，为企业提供全方位的贸易服务。龙邦国际商贸物流中心产业园已成为靖西地区龙头产业园，为地方经济的发展起到了较大的促进作用。同时，为推动形成更高水平的开放型经济新体系，龙邦口岸还加强与东盟各国的合作与交流。这些平台的搭建和合作机制的建立，为龙邦口岸的贸易发展提供了有力的保障。

龙邦口岸的快速发展，深刻地影响着当地的经济发展。一是贸易规模的扩大，拉动了当地经济增长，显著增加就业岗位。龙邦口岸贸易活动吸引了大批农民工返乡就业创业，为当地创造了大量就业岗位。二是贸易发展对当地产业结构优化升级起到了推动作用。龙邦口岸通过引进落地加工企业和跨境电子商务等新兴产业，以多元化、高端化的方式促进当地产业发展。三是繁荣的贸易提升了靖西市的知名度和影响力，为地方经济长远发展打下了坚实的基础。

展望未来，靖西龙邦口岸的贸易发展将继续保持强劲势头，这是中越两国经贸合作不断加深和沿边开放发展深入推进的结果，也是龙邦口岸贸易规模持续扩大的必然要求。随着中越关系的日益密切，龙邦口岸辐射地区的贸易结构将不断优化，口岸通关效率将进一步提高，从而成为中越经贸合作的重要窗口和桥梁，为两国人民带来更多的福祉和机遇。同时，龙邦口岸还将继续加强与东盟各国的合作与交流，促进形成更高水平的开放型经济新体系。

后 记

　　2006 年，连城要塞遗址和友谊关作为近现代的重要史迹及建筑被国务院批准列入第六批全国重点文物保护单位名单，主要分布在广西北海市、防城港市、东兴市、宁明县、凭祥市、龙州县、大新县、靖西市、那坡县。遗址由边防和海防两部分组成：边防部分东起宁明县的吞仓山，西至那坡县的各达山；海防部分东起合浦县英罗港，西至东兴市北仑河口。

　　我对连城要塞遗址的认识始于 2009 年，当时为编制全国重点文物保护单位"连城要塞遗址和友谊关"的保护规划，参加了多家单位联合开展的田野调查。在为期半年多的田野调查中，我的足迹遍及沿边沿海的各个市、县，对炮台、碉台、关隘、墓葬、庙宇、桥梁、建筑和大小连城等遗址进行了全面的调查，从而对连城要塞遗址有了初步的了解。在此后的十多年中，我还对连城要塞遗址做了更深入细致的调查和研究，这也成了我考古工作的研究方向和重点。每当我来到边境，看到熟悉的山山水水和这些边防遗址，就会感受到一种莫名的亲切和自豪。

田野调查虽然辛苦，但是每当大山深处有新的发现被"挖掘"出来，我就觉得无比兴奋，同时也感到有一份沉甸甸的责任，激励我要去研究、保护和宣传好这些历史遗迹，让广大人民群众了解这些曾经保卫祖国南疆、见证历史风云变幻的边防遗产，进而增强人们的国防意识和爱国主义精神。

连城要塞遗址是我国现存最完整、规模最大的清末边海防军事文化遗产，它地处风景优美的中越边境和北部湾沿海。这里山好水好人更好，希望读者读完本书后，有机会能到广西的边境和沿海实地走走看看，亲自去感受边关要塞的壮美。这里不仅可以领略群山起伏、奇峰峥嵘、深洞竞幽的美景，还可以一睹中越边境经贸和人文交流日益频繁的景象。

本书由我和由丹合作撰写，主要介绍了连城要塞中遗址最丰富、历史价值最重要且最独特的边防遗址。在撰写的过程中，我们得到广西科学技术出版社丘平编辑和谢艺文编辑的大力协助，使本书在内容和结构上得以更完美呈现。此外，我们还得到谢日万、林强、肖东、蒋廷瑜、黄峥、周有光、陈晓颖、黄菊等领导、专家的指导和帮助，以及遗址所在地文博单位的大力支持，在此表示衷心的感谢！由于作者的水平有限，书中亦有不足之处，敬请读者多加指正。

陈显灵

2024 年 10 月

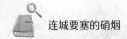